物流能力统计理论与方法

主　编　魏耀聪　周京京　王鲁泉

副主编　孙　昱　周济晓　卢　鑫

中国财富出版社有限公司

图书在版编目（CIP）数据

物流能力统计理论与方法／魏耀聪，周京京，王鲁泉主编．—北京：中国财富
出版社有限公司，2024.6

ISBN 978－7－5047－6654－0

Ⅰ.①物…　Ⅱ.①魏…②周…③王…　Ⅲ.①物流－物资统计学　Ⅳ.
①F251

中国版本图书馆 CIP 数据核字（2021）第 060979 号

策划编辑　郑欣怡		责任编辑　刘 斐　王新月		版权编辑　李　洋	
责任印制　尚立业		责任校对　杨小静		责任发行　敬　东	

出版发行　中国财富出版社有限公司

社　　址　北京市丰台区南四环西路 188 号 5 区 20 楼　　**邮政编码**　100070

电　　话　010－52227588 转 2098（发行部）　　　010－52227588 转 321（总编室）

　　　　　010－52227566（24 小时读者服务）　　010－52227588 转 305（质检部）

网　　址　http：//www.cfpress.com.cn　　排　　版　宝蕾元

经　　销　新华书店　　　　　　　　　　　　印　　刷　宝蕾元仁浩（天津）印刷有限公司

书　　号　ISBN 978－7－5047－6654－0/F・3580

开　　本　710mm×1000mm　1/16　　　　版　　次　2024 年 6 月第 1 版

印　　张　14　　　　　　　　　　　　　　印　　次　2024 年 6 月第 1 次印刷

字　　数　251 千字　　　　　　　　　　　定　　价　88.00 元

前　言

物流作为后勤核心保障能力的重要组成部分，要向精确保障转型。物流能力统计工作为物流实现精确保障提供了重要的抓手，是后勤实施精确化保障、科学化管理、集约化供应的重要研究课题。本书着眼物流能力生成机理，揭示物流能力变化规律，分析物流能力态势；设计凸显能力生成规律的统计指标体系；构建服务后勤科学化管理、满足辅助决策需要的物流统计组织实施流程；借鉴先进的政府统计手段和技术监测物流活动，实现物流精确保障。

本书第一章是绪论部分，主要介绍物流能力统计的研究背景、研究目的、研究意义、研究任务、研究内容与方法及理论基础。第二章主要归纳提炼物流能力统计的基本概念、主要特点和要求，为开展物流能力统计工作提供理论支撑。第三章阐述物流能力统计方法步骤，为开展物流能力统计工作提供思路。第四章介绍了物流能力统计的分析和评价方法。第五章以需求和问题为导向，进一步探讨了物流能力统计客观需求和现实基础。第六章针对物流能力统计对象的特点和范围，系统分析开展物流能力统计的配套机制和实施过程。第七章运用系统科学的分析方法，剖析物流能力的构成和生成机理，设计物流能力统计指标体系。第八章对物流能力统计指标的内容框架以及具体指标的释义进行了重点研究。第九章应用模型分析的方法，建立物流能力统计理论模型，运用统计数据对典型仓库进行统计分析和评价，以论证开展物流能力统计的可行性。第十章从理论指导实践的角度，提出了推进物流能力统计的对策措施，为顺畅高效地开展物流能力统计工作提供了基本保证。本书丰富了后勤保障能力生成理论和物流理论，为开展物流能力统计工作提供理论指导和借鉴。同时，对于提升物流管理水平、增强物流精确保障能力、加强和改进物流统计工作具有重要的实践意义。

本书由魏耀聪、周京京、王鲁泉担任主编，孙昱、周济晓、卢鑫担任副主编。参加编写的还有王开勇、陈海艳、柴树峰、李春卉、王敏、陈小凡、崔雅斐、马雅丽。本书第一章由魏耀聪、王开勇、崔雅斐撰写，第二章、第三章由王鲁泉、魏耀聪撰写，第四章、第五章、第六章由魏耀聪、周京京撰写，第七章由孙昱、周济晓、陈海艳撰写，第八章由周京京、魏耀聪、李春卉撰写，第九章由卢鑫、王敏、马雅丽撰写，第十章由周济晓、柴树峰、陈小凡撰写。

编者希望本书能起到抛砖引玉的作用，启发更多的研究者关注这一崭新领域。由于编者的水平和经验有限，且物流能力统计尚属新兴研究领域，书中难免存在不足之处，恳请广大读者批评指正。

编　者

2023 年 12 月 22 日于天津

目 录

第一章　绪论

当今世界，新一轮科技革命和产业革命兴起，国际军事竞争格局发生深刻变化。物流作为军队后勤保障的重要组成部分，对现代战争的胜负起到举足轻重的作用。新的战争形态、新的使命任务对物流从理论到实践都提出了新的要求，需要物流从经验科学向精确科学飞跃，需要准确的物流能力统计数据为后勤指挥、管理、决策做支撑。因此，聚焦保障打赢信息化战争、深入研究物流能力生成理论、构建物流能力统计体系、设计凸显物流能力生成规律的统计指标体系，已经成为现代化后勤建设的重大研究课题。

第一节　物流能力统计研究背景、目的及意义

在新时代军事思想的指引下，后勤各专业领域不断深化改革，服务水平显著提高，核心保障能力显著增强。作为后勤核心保障能力之一的物流能力走上了由量变向质变的发展之路。建设强大的现代化后勤需要物流的发展和建设进一步向保障能力精准聚焦，需要物流理论成为一门精于计算的科学。马克思认为：一种科学，只有在成功地运用数学时，才算达到了真正完善的地步。因此，开展物流能力统计研究，运用数理统计的科学方法，准确探究物流能力生成规律，改变以往经验判断为主的粗放式管理模式，向科学化、精细化的量化管理变革，这既是物流理论的创新发展，也是现代化后勤建设的必然要求，更是保障打赢信息化智能化战争的迫切需要。

一、研究背景

（一）保障打赢信息化智能化战争为物流能力统计指明了方向

信息化智能化战争核心制胜机理基于人工智能技术对大量数据的计算能

力，数据和算法是支撑信息化智能化战争的关键要素。由于现代战争作战任务复杂、作战形式多样、作战进程快速，随之出现的是物资消耗巨大、需求难以预测和配送优化困境等问题，这些都对后勤保障能力提出了新的挑战。保障打赢信息化智能化战争需要精确全面的物流能力统计数据提供有力支撑。深入研究物流能力统计，加强对数据的计算运用，实时监测物流能力状态和变化，加强物流能力生成过程的精细化管理，从而全面提升物流保障的能力。坚持战斗力标准，始终聚焦保障打赢信息化智能化战争，成为物流能力统计研究的首要目标。

（二）加快建设现代化后勤对物流能力统计提出了新要求

建设强大的现代化后勤要坚持创新驱动、转变发展模式，统筹利用军地资源，积极推进"网络＋后勤""大数据后勤""智能后勤"发展，建立信息实时获取、快速传输、高效处理、智能决策的后勤保障体系，把保障能力提升转到依靠物流信息技术、人工智能技术上来。运用现代物流管理技术，重构储供链路，建立需求、采购、仓储、运输、配送全域覆盖、全程一体的物流体系。物流能力统计紧紧围绕现代化后勤建设的新要求，加快构建全流程、全要素的物流能力统计体系，设计基于保障能力生成的物流能力统计指标，创新数据采集手段，充实统计力量，加快实现数据自动采集、实时更新、及时分析、靠前评价的统计功能，为联合作战、联合训练、联合保障提供更加精准、及时、全面的物流数据支持。

（三）推进科学管理为物流能力统计赋予了新任务

科学管理是推动军队建设和发展实现飞跃的重要力量，关系到战斗力生成模式的重大转变。军队的管理要以效能为核心，树立现代管理理念、完善管理体系、优化管理流程，不断提高军队专业化、精细化、科学化管理水平。物流能力统计是推进物资供应管理模式改革的重要措施，是物资供应保障全流程数据化、精准化、科学化管理的重要手段。为此，要应势而谋、顺势而为，加快推进物流能力统计研究，带动统计手段由单一化向多元化转变，统计流程由随意化向标准化转变，统计决策由传统经验向科学量化转变。以物流能力统计研究为抓手，靠统计数据抓管理、依据统计数据作决策，以物流能力统计精细化促进物资供应管理科学化，真正实现物流科学管理。

（四）高新技术迅猛发展为物流能力统计提供了新动力

当今世界正处于技术迅猛发展的时代，技术创新的周期从第二次世界大战后的 50 年缩短为目前的 2～3 年，速度越来越快。近几年，以信息技术为代表的高新技术蓬勃发展，特别是大数据、物联网、人工智能、云计算等创新技术纷纷应用于军事领域，为物流能力统计提供了新的技术推动力。北斗定位系统、地理信息系统、物流信息系统、物联网、射频识别等技术，极大地提高了数据采集能力，可以实时地自动收集仓库吞吐量、运输量、运输距离等物流数据，充分发挥信息技术在物流统计中的作用，从而实现对海量数据的统计分析和实时处理；通过借助大数据和云计算等技术处理分析数据，使物流能力统计数据的分析方法不仅局限于传统理论建模、实验和数值模拟，还有由海量数据驱动的数据挖掘、机器学习等新的范式。由此可见，高新技术的发展给物流统计环境带来巨大的变化，改变了统计工作方式和流程，对物流能力统计的服务能力提出了新要求，为物流能力统计研究开阔了视野，提供了新的理论和方法。

（五）物流行业蓬勃发展为物流能力统计奠定了新基础

随着后勤转型建设发展，物流建设呈现出蓬勃发展的势头。一是物流行业不断发展，成绩斐然。经过这些年的发展，军队在物流基础设施、技术装备、人才队伍、标准制度、信息化建设等方面取得了显著成就，为物流能力统计研究奠定了良好的数据基础和应用平台。二是物流理论体系基本形成。20 世纪 90 年代初，与物流相关的理论专著相继问世。物流相关理论经过 20 多年的积累和发展，理论体系基本形成。随着物流信息化建设的加快推进，物流与信息论、统计学相交叉的应用、理论领域得到了快速发展。三是军地结合式物流体系起步建设。军地结合式物流体系是军地结合建设和发展的重要内容之一，其核心是依托先进信息技术和海量数据，统筹军地物流基础设施建设，指挥调度军地物流资源，联合培养物流人才，组织军地物资保障训练。因此，物流能力统计研究范围必须着眼军地结合这个大课题，突破军地界限，将军地通用基础设施、物资、人才、装备等能力数据的统计纳入研究范围。

二、研究目的

瞄准物流能力构成对战斗力提升的积极作用，以物流能力指标作为研究重点，找准物流领域亟须统计的内容，缩小研究的范围，旨在提高研究成果的针对性、前瞻性和可操作性，为物流统计的实践探索奠定理论基础。

（一）探索物流能力统计理论和方法

目前，军内外专家学者在社会物流统计和后勤统计方面进行了较为深入的理论研究，但对物流相关理论的研究大多以定性研究为主，较少进行定量研究，以物流能力指标为统计内容的理论研究更为薄弱，几乎处于空白状态。本书深刻剖析物流能力的构成、生成动因以及生成过程，揭示物流能力统计的内在规律，充分认清目前统计工作存在的问题和差距，试图针对现实问题和客观需求，构建物流能力统计体系，建立科学的统计指标体系，并选择适用的统计分析方法构建模型进行实证分析，从而形成一套既有理论支撑又有实证检验的物流能力统计理论和方法。

（二）揭示物流能力统计特点和规律

物流能力生成是各种物流要素信息化、集成化、一体化的过程。统计对象的独特性决定了物流能力统计不是对现有物资统计、军交运输统计的照抄照搬，更不是对后勤统计的简单改动。要认真剖析物流能力生成机理，揭示物流能力统计的特点和规律，为今后顺利开展物流统计工作提供参考借鉴。

（三）设计物流能力统计指标体系

开展物流能力统计是将物流能力统计指标应用于实践的过程。不仅要围绕统计指标进行物流能力数据的收集、整理和处理，更要依托统计指标对物流能力进行定量描述和评价。可见，统计指标的论证与设计是物流能力统计的基础。合理的统计指标可以精准反映物流能力总体情况，准确预测物流能力发展变化规律。因此，本书研究重点是围绕物流统计对象的特征和规律建立一套设计合理且易懂可行的物流能力统计指标体系。

三、研究意义

（一）理论意义

物流能力统计理论是后勤学、物流学、统计学在物流领域交叉融合而产生的新理论，强化了物流"精于计算"的学科本质，填补了物流能力统计研究的空白，是对后勤科学管理理论的有力补充。物流能力统计理论研究拓展了物流理论，丰富了后勤管理理论，具有重要的理论价值。一是完善后勤保障能力生成理论。通过查阅文献资料，可以发现从物流视角研究保障能力生成问题的文章比较少。本书将零散的物流研究内容加以条理化，并使之上升为理论的高度，同时将物流能力的研究从定性研究拓展到定量研究，旨在进一步完善后勤保障能力生成理论。二是丰富物流理论。统计作为一种数据处理和分析的工具，是认识和研究物流能力生成规律的有力手段。研究物流能力统计理论可以拓展物流应用理论，进一步丰富物流理论。三是拓展后勤管理理论。对物流能力数据进行统计调查和统计分析，促进物流向精细化、标准化、量化管理发展，既是后勤科学化管理理论的重要研究内容，也是对后勤管理理论的丰富和拓展。

（二）实践意义

研究物流能力统计理论能够加强和改进后勤统计工作、提升物流管理水平、增强物资精确保障能力、促进物流信息化建设。一是有利于加强和改进后勤统计工作。物流统计工作是后勤统计工作的一个分支，是统计在物流领域的具体运用。后勤统计中的物资统计、交通运输统计工作都是由各个业务部门独立完成的，统计内容相对分散，统计数据之间没有相互印证和联系。物流统计范围以能力生成为核心覆盖物资采购、储存、运输、配送各个环节，统计内容较为系统和连续；后勤统计工作仍然采用人工调查收集数据和手工分析处理数据的统计方法，相对比较落后。研究物流能力统计，需要依托信息化的数据采集手段，如射频识别手持终端采集设备进行物流能力数据的收集、统计分析软件实现数据在线实时分析处理、网络化的传输方式实现统计结果的及时上报和发布。系统的统计数据和信息化的统计方法推进后勤统计工作方法的改进和工作效率的提高。二是有利于提升物流管理水平。战时，统计数据是物流保障能力的直接反映，是作战指挥机构了解物流保障态势、筹划战时物资保障的关键；平时，统计数据是后勤管理部门掌握物流人员、军用物资、物流设施装备变化状况的平台。物流能力数据的统计分析，对指导物流建设和发展、高效管理物资供应都具有重大意义。可见，加强物流能力统计研究，科学监测物流的保障能力，能够为作战指挥机构和后勤管理部门提供辅助决策支撑。同时，积极引入统计理论与方法，恰当地进行物流各节点、区域的物资保障能力统计分析，准确分析物流建设发展水平与速度，为制定物流保障预案、计划、方针和政策，规划储备物资布局、交通线建设、物流基地选址提供数据支撑。三是有利于增强物资精确保障能力。长期以来，在物流保障中既要精确、可靠、快速、安全保障作战需要，又要尽量减少平时储备、战时超量供应始终是物流管理追求的目标。现代战场对数据信息的依赖性与日俱增。只有全面、准确、快速掌握物流能力数据，才能实时了解物资保障态势，精确筹划和运用各种物资保障资源。没有系统全面的物流能力数据作支撑，实现适时、适地、适量的精确保障目标就有可能成为一句空话。要认识到物流能力统计的重要作用，积极探索科学的统计方法，真正发挥统计的效益，充分体现统计的价值，这样有利于提高军队适时、适地、适量的精确保障能力。四是有利于促进物流信息化建设。物流信息化建设是军队后勤信息化的重要内容，直接关系到军事后勤建设整体水平，影响着后勤信息化建设的整体进程。物流信息化的基础工作就是物流供应保障活动数据化。通过建立物流能力统计体系，将物流能力生成过程进行数据描述。具体来说，可以用统计指标量化储存、运输、配送、信息处理等物流运作过程，用统计数据衡量物流能力水平、规模、比例和速度，这样更加便于对接计算机语言，更有利于物流信息系统"统计分析"功能模块的开发和应用。所以说，物流能力统计有利于推动物流信息化建设，物流信息化也为物流能力统计提供了技术平台，能够有效破解物流信息化建设中的难题。

第二节　物流能力统计的研究任务

物流能力统计的研究任务是揭示物流能力生成规律，构建服务后勤科学化管理、满足战时辅助决策需要的物流统计体系，为现代后勤由经验判断向精细化管理转型提供有力支持。

一、实时获取能力态势

实时获取能力态势是指通过物流信息系统实时获取物资储存状况、物资运输情况、在途物资状态和需求信息，然后对大量数据进行整理、比较、分析，得到相对精准的统计数据信息，再运用统计图表、统计报表描述物流能力水平的高低，生成"物流能力态势图"。在图上可以实时动态展示物流资源分布、部队消耗状态、物资储存状态、在途物资运输情况等能力状态。物流能力态势图应具备以下三个具体功能。一是物流资源分布。实时获取物流资源统计数据，能够全面展示人员、设施、装备、存储物资、在途物资的数量和质量状态。二是物流功能要素能力状态。实时收集更新仓储、运输、配送等主要功能环节的能力指标数据，绘制统计图表，展示功能要素能力变化趋势。三是军地资源共享态势。将地方战略伙伴的优质物流资源纳入"物流能力态势图"，形成用于作战指挥员决策的军地结合物流保障态势。

二、准确掌握能力生成规律

物流能力统计用科学的统计方法收集、整理物流能力生成过程中各项物流活动和物流要素的统计数据，然后依托数据挖掘和统计分析等先进数据分析技术，分析研究物流能力的大量数据，揭示物流活动的特征和能力生成的规律。主要从以下两个方面进行能力生成规律的分析：一方面从纵剖面和横截面进行物流能力变化速度和比例关系的综合分析；另一方面研究仓储能力、运输能力和流通能力、快速响应能力等具有能力特征的关键指标，考察其达到的水平和发展变化趋势，以及这些指标在各个层次、各个部门和各个单位间的相互联系和平衡关系，可以深刻把握物流能力的生成规律。

三、高效评价能力水平

评价能力水平是物流能力统计的功能延伸，是统计数据的深入运用。随着计算机技术的发展和数据处理能力的增强，物流能力统计不仅具有对比分析的功能，而且能够对物流能力现状进行定量评价。对物流能力水平的评价功能主要体现在以下两个方面：一方面是单项能力评价，如采购能力评价、仓储能力评价、运输能力评价、配送能力评价以及物流服务能力评价等。对单项能力进行定量分析评价，便于按环节、按部门横向比较，以寻找单项能力提升的途径和办法。另一方面是综合能力评价，即按照某一仓库保障一个作战单元的行动所需物资的种类，以及可持续的作战时间为能力评价标准，结合被评价对象的作战保障任务，分析仓库物流能力现状的优劣，以作出判断。或者评价某一区域物流能力水平在不同时间阶段的变化规律，以分析提升区域物流综合保障能力。

四、及时监测能力问题

物流能力统计能够对物流系统运行状况进行有效监测，是物资保障活动的重要预警手段。持续有效的物流统计对良性运转的物资保障活动起到肯定和保护的作用，对不良的物资保障活动起到有效监控和纠正的作用。具体来说，物流能力统计的监测功能，是在进行统计调查和构建统计分析能力指标的基础上，反映物流保障各项工作任务的执行情况，并对其进行实时监测、预警和纠偏，提出改进工作建议，促进物流持续健康发展。物流能力统计的监测功能体现在以下两方面。一方面是监测部门行为。监督各个部门物资保障计划、各项指标的落实情况，考核各个部门的工作业绩，及时发现纠正存在的问题，使物资保障活动沿着正确的方向协调有序地运行。另一方面是监测物流保障活动。在物资保障任务完成过程中，通过实时分析统计数据，能够持续监测物流保障的全过程，快速地揭示物流活动中存在的能力弱项和短板，从而及时采取有效措施，调整物资保障方案，使其更好地满足部队需求。

五、科学预测变化趋势

任何事物的发展总有一定的延续性，事物的未来同过去和现在的状态存在着各种形式的有机联系。这些有机联系的规律性就是科学预测的基础。科学预测的重要前提是高度重视历史数据资料的统计工作，并以收集和整理的物流能力指标和统计数据作为预测的基础，通过构建数学模型，对物流能力生成过程中各要素相互联系和内在规律作出准确的判断，分析物流发展和建设的途径和条件，揭示其能力变化的方向和趋势，科学预知未来的发展状况和可能发生的变化，控制物流系统向着有利的方向发展。因此，科学预测是物流管理的一项先期性工作，是制定物流建设规划和物资保障计划，以及进行科学决策的重要基础。

第三节　物流能力统计的研究内容与方法

一、研究内容

主要从以下六个方面开展理论研究。

（1）阐述物流能力统计的基本概念、主要特点和要求。

（2）介绍物流能力统计的方法步骤，主要包括统计设计、统计调查、统计整理以及统计分析与评价。

（3）物流能力统计的分析论证，结合目前物流统计工作面临的主要问题，探讨实施物流能力统计的必要性和可行性。

（4）物流能力统计组织实施流程，解决如何开展物流能力统计的问题。

（5）剖析物流能力生成机理和生成过程，构建物流能力统计指标体系，并对统计指标体系进行重点研究。

（6）应用模型分析的方法，建立物流能力统计模型，运用统计数据对仓库和区域进行统计分析和评价，并在此基础上提出推进物流能力统计的对策措施。

二、研究方法

物流能力统计的理论研究涉及物流学、统计学、系统论、信息论等诸多学科，是多种学科交叉融合产生新理论的创新过程。本书博采众长，运用多种研究方法开展理论研究，提高研究成果的科学性，同时紧密联系实际，运用新的研究方法推动物流理论创新。

（一）文献研究法

全面系统收集文献资料是一种快速掌握研究现状和手段的研究方法。通过查阅大量关于物流能力、社会物流统计、后勤统计相关的文献资料，得到与物流能力统计相关的研究资料，形成对研究对象的初步印象。同时，文献研究帮助全面掌握物流能力统计研究现状，确定重点的研究方向，形成物流能力统计研究的理论基础。

（二）比较分析法

比较分析法是将研究对象与具有类似属性的客观事物及活动进行对比，发现研究对象的优势和不足，进行选优汰劣、取长补短的研究过程。本书以社会物流统计现状，后勤统计、物资统计的现状等作为参照事物，进行横向和纵向多角度多方面的比较，发现物流能力统计与现行统计体系的区别和联系，找准物流能力统计需求定位，揭示物流能力统计特点和一般规律，汲取现行统计工作的有益经验，从而正确认识新形势下物流统计面临的新情况、新问题，正确把握物流统计的发展方向和客观规律。

（三）定性与定量相结合分析法

定性与定量相结合分析法是通过定性分析建立系统及各子系统的概念模型，再用定量分析方法对实际问题求解，以检验定性分析的正确性。在查阅文献资料和深入调研基础上，对物流能力生成进行定性分析，以需求为牵引构建物流能力统计体系，设计通用的统计指标，并建立统计模型。然后，以某一仓库和区域为例，运用经验测量、统计分析和模型计算等定量分析方法，评价其物流能力水平，以检验相关研究理论的科学性。

（四）系统分析法

系统分析法是运用系统论、信息论、控制论等系统科学的基本原理对研究对象进行系统分析、研究和处理的一整套科学方法。物流本身是一个涉及多个层次、多个环节、多个部门、多个机构的复杂系统，其能力生成是物流系统与要素、要素与要素、系统与外部环境之间相互联系、相互作用的过程。在研究物流能力生成理论时，充分应用系统思维，注重系统、要素之间的有机结合性和动态交换性，从整个物流系统到构成系统的各个要素，按照先综合、后分解、再综合的研究思路考察其能力构成。

第四节　物流能力统计的理论基础

物流能力统计属于物流应用理论。然而，对其研究已经远远超出了物流领域，它涉及统计学、物流学、系统论、信息论等众多理论领域，是多学科理论交叉融合的领域。研究物流能力统计，首先对其相关理论基础进行深刻剖析。

一、统计学

17世纪中叶至18世纪中叶，统计学理论在欧洲初步形成，直到19世纪末才作为近代科学从欧美和日本引入中国。

　　统计学发展至今，主要的统计分析方法大致分为描述统计和推断统计两个大类。描述统计是通过对数据的综合、概括与分析，得出所需要的数据特征，并用图表形式对数据进行处理和展示的统计学方法。推断统计是通过研究参数估计和假设检验的方式，利用样本数据来推断总体特征的方法。随着科学技术的高度发展，统计学理论不断创新发展，主要表现在以下几个方面。一是计算机技术在统计领域得到开发和应用。随着计算机的普及使用，统计数据的收集、处理、分析、储存、输出实现无纸化操作，从而大大提高了统计数据的质量和统计工作的效率。统计数据的集中趋势、离散程度、分布形状等数据特征的统计量都可以用 Excel 软件计算描述。二是基于统计数据的分析技术得到发展。聚类分析、因子分析、相关分析、回归分析、方差分析可以对统计数据进行分类、预测和聚类，统计产品与服务解决方案、数据分析系统等统计数据分析软件具有完备的数据访问、数据管理、数据分析、数据呈现的功能，可以对不同的数据库、不同等级的用户和不同的计算机平台进行有效的数据处理。三是统计学研究对象由确定性研究向复杂性研究扩展。早期的统计学是研究自然和社会经济中数量上的发展规律。随着统计学理论和实践的发展，统计对象相比以前发生了较大变化，由确定性现象向复杂客观现象转变，如模糊、突变、混沌等全新的领域。四是采用定性和定量分析相结合拓展了统计分析方法。定性分析和定量分析是统一和相互补充的。先通过定性分析，对统计分析对象的性质、特点、发展变化规律作出判断，得出经验性的结论；再通过定量分析汇总数据结果，通过建立数学模型计算和分析统计对象的指标和数值，经过反复对比计算形成结论。

　　综上所述，物流能力统计是统计学理论在物流管理领域的应用，统计调查方法和分析方法的创新发展为物流能力统计提供了新思路。一是充分借鉴计算机统计的实践。传统的统计调查模式被计算机无纸化作业所取代，物流能力统计工作可以充分借鉴学习计算机统计理论及其关键技术，革新统计工作方式。二是运用先进的统计分析方法。类似于 SPSS 和 SAS 数据分析软件集成了诸多先进的统计分析方法，为物流能力统计模型的建立提供了方法支撑。三是吸收综合集成的统计思想。物流能力统计研究过程中，先从理论上构建统计体系、设计能力指标、建立统计模型，再用实证检验统计指标和统计模型的合理性。综合集成的统计思想贯穿于物流能力统计问题研究的全过程。

二、物流学

经过二十多年的创新发展，物流逐步形成了由基础理论和应用理论两大模块构成的理论体系，其中基础理论包括物流场理论、物流活性理论、同步物流理论、物流接合部理论、物流补给链管理理论等，应用理论包括仓储理论、物流技术与装备理论、应急物流理论等。物流理论研究取得了丰硕成果，为本书的研究奠定了丰厚的理论基础。

物流场理论是借鉴物理学中磁场、电场的理论和方法，从供给和需求关系、时间和空间关系的多种角度，反映物流活动的客观规律。很多专家学者将物流场理论应用到物流运作效率、物流能力、物资仓库选址等方面。

物流活性理论是活性理论在应急物流领域的延伸和应用，经过近些年的深入研究，其理论内涵得到进一步扩展和细化。物流活性是物流系统、要素快速投入作业活动的特性。从军用物资的属性看，表现为具有易于投入物流作业的性质。可以从以下四个方面理解物流活性的内涵：一是任务和环境的自适应性；二是方式的多样性；三是方法的灵活性；四是环节的衔接性。物流活性可以划分为技术活性和管理活性、内活性和外活性。物流活性指数是用于度量物流活性程度的指标。

针对物资保障领域中涌现的新问题、新矛盾，物流补给链管理的理论研究和实践探索在不断加强。目前，物流补给链管理已逐步形成了较为完善的理论体系。物流补给链是围绕物资补给部门，从物资生产开始，将制造商、供应商、第三方物流企业、物资补给部门、各级物流基地（或中心）直到最终用户连成一个整体的功能网链结构，物流补给链管理的核心思想是集成管理，重点内容是对物流补给链的商流、物流、信息流、资金流、业务流的全面管理，强调需求导向、合作共赢。物流补给链应为部队用户提供两个方面的柔性服务：一是感知系统的柔性；二是响应系统的柔性。通过物流补给链绩效管理计划、绩效管理实施、绩效管理评估、绩效管理反馈和改进、绩效管理信息系统建设等关键环节提升物流补给链管理绩效。

物流场理论、物流活性理论和物流补给链管理理论的主要观点对于研究物流能力统计和开展统计工作具有理论价值和现实意义。一方面，物流场理论深刻剖析了物流能力变化的内在机理，论证了物流供应能力的计算方法；物流活性理论着眼于提高物流作业的灵活性、快捷性，论述了度量活性的指标，研究了活性的原理和改善活性的途径；物流补给链管理理论强调"管理"对物流补给链运作效能的提高起到了至关重要的作用。这些理论成果为物流能力生成机理、统计指标的建立提供了创新的理论依据和科学指导。另一方面，很多学者从解决实际问题出发，运用物流场理论研究物流建设规划、仓库布局、库址选择、路线优化等现实问题，运用物流活性理论指导物流装备技术应用，物流系统设计，标准化、信息化、集装化的建设等热点问题，研究探索的理论成果为深入研究物流系统、构建物流能力统计模型、开展物流能力统计工作等具体问题提供了理论指导和借鉴。

三、系统论

系统论是由生物学家贝塔朗菲（L. V. Bertalanffy）创立的。1945 年他发表了《关于一般系统论》的论文，论述了系统论的基本原理，为系统论学科建设打下了坚实基础。

系统论认为，所有系统都具有整体性、动态性、相关性、层次性、有序性等基本特征，这些特征是系统论的主要思想观点和基本原则。系统论的主要原理有以下几个方面。一是系统整体性原理。贝塔朗菲认为，系统论是对整体性和完整性的科学探索。系统最基本的属性和原理是系统整体性。系统论认为，任何系统都是由诸要素有机联系的整体，从而具备了各要素在孤立状态下所没有的新的性质或功能，就是系统的整体性。系统整体性不是各个要素机械组合或简单相加，而是要素、系统整体和外部环境相互作用的结果。二是动态相关性原理。动态相关性原理揭示了要素、系统和环境三者之间的内在辩证统一关系，进一步指出了依存与制约、协同与竞争是系统动态相关的内在机制。系统内部各要素、系统与外部要素、系统与其他系统、系统与外部环境之间相互依存与制约、协同与竞争。它们之间的依存、协同用以维持和发展系统的整体相关性；它们之间的制约、竞争用以维持系统自身部分的独立性，促使其动态发展。三是结构层次性原理。系统诸因素（或子系统）及其相应的功能、运动形式和内在矛盾，其性质、相互作用的方式存在着差异性。因此，系统结构具有等级次序性。不同层次等级的系统，其结构和功能不相同。四是系统有序性原理。系统是由内部诸多要素按照一定结构构成的。在内外多种因素影响下，诸多要素按照同一顺序和方向有序发展。只有系统结构合理且有序度高，系统功能才能发挥最佳状态，系统整体性的优势才能显现；反之，系统结构混乱且无序，要素各自独立，系统就将处于瘫痪状态。

系统论为研究物流能力统计提供了理论基础与科学方法。一是用系统论认识物流能力。物流系统是由诸多要素组成的一个巨大、复杂的系统。要素之间相互联系形成系统，并分成诸多层次。从物流系统整体性出发，深入分析其组织结构、产出功能和保障能力，进一步研究物流系统、内外部要素和外部环境的相互关系，从而发现其能力生成规律。二是用系统思想分析物流能力统计。根据系统层次等级性原理，物流能力指标可以按照系统层次构建；基于系统动态相关性原理和有序性原理，以物流能力指标为统计内容的最终目的是促进要素、系统和环境向着积极相关方向发展，增强人与人、人与物、物与物的协同效应，从而求得物流系统最佳的整体能力水平。三是用系统方法解决物流能力统计的问题。其基本思路是将物流系统分解成要素，研究要素或子系统的性质、结构与内在关系，揭示能力生成的基本规律，用统计指标表达要素、子系统的能力特征，再合成整体物流能力指标体系，评价整体物流能力水平。此外，在构建物流能力统计体系时，也要处理好局部建设和整体建设的关系，抓住影响物流能力统计工作全局的关键部位，着力加强建设，提出有利于全局的措施和策略。

四、信息论

1948 年，美国的数学家申农（C. E. Shannon）发表了著名论文《通信的数学理论》，最早提出了信息论。信息论是在应用概率论的基础上，运用数理统计方法研究信息处理和传递的科学方法，是现代通信领域的基本理论。

信息论为人们从系统整体性出发，以信息为基础，用联系的、转化的观点综合研究系统提供了方法论，它是研究事物复杂性、系统性、整体性的一种重要方法。信息论的主要观点有以下四点。一是系统有目的的运动可以抽象为信息交换的过程。信息方法撇开事物具体形态，通过考察信息的运动和流程，就可以揭示系统特性及其内在规律。二是信息论是通过定性和定量分析抽象出来的信息传递过程。判断信息传递过程的类别，并确定所属领域属于定性分析；对信息进行数学计算并度量属于定量分析。三是信息量可以用来表示系统的有序度、组织结构、复杂性或进化发展的程度。信息量是用来度量信息大小的量，它是信息论的中心概念。信息量多少与系统程度高低成正相关的关系，系统结构越复杂，运行越有序，其产生的信息量就会越多。四是反馈信息使得系统实现预定目标或向目标逼近。信息论认为，信息反馈灵敏、正确、有效的程度是一个管理制度有充沛生命力的标志。

信息论对物流能力统计研究的理论支撑作用可以归纳为以下三点。一是用信息论的思想考察物流能力生成过程。在物流能力生成过程中，存在着两种流动：一种是人员、物资等有形资产的流动；另一种是数据、指标等信息的流动。有形资产的流动是维持物流系统顺畅高效运行的能量主体，信息的流动是对前一种流动的数据表述。根据信息论，物流能力生成过程实质是一个物流信息传递、接受、加工、储存和使用的过程，运用信息方法，从信息流程角度，综合研究物流能力的变动，可以获取物流能力生成的整体性能和规律。二是用信息论分析物流集成能力。物流能力表现为一种综合集成能力。实现信息有效整合与共享，加快信息有效处理和可靠传递，是生成综合集成能力的重要途径。三是用信息方法研究物流能力统计。按照信息方法，物流能力统计是对物流能力生成相关信息的度量和分析过程。具体来说，物流能力生成过程伴随大量信息的产生，比如物流人员、军用物资、物流设施和装备等物流要素或筹措、储存、运输和配送环节，都可以抽象成与其对应的数据、报表等信息形式，能够对这些信息进行定量和定性分析，这对物流能力指标的设计，物流能力的综合分析、预测和评价等方面都具有重大的理论意义。

第二章　物流能力统计概述

毛泽东在《实践论》中明确指出："这个概念、判断和推理的阶段，在人们对于一个事物的整个认识过程中是更重要的阶段，也就是理性认识的阶段"。理性认识是人们运用缜密的逻辑思维加工处理大量材料，客观地判定某一客观事物基本概念、本质特征和属性功能的认识过程。在研究客观事物的过程中，必须进行由现象到本质、由具体到抽象、由实践到规律的提炼和总结，才能准确地辨别客观事物，科学地确定研究问题的范畴和领域，为后续研究奠定理论依据。因此，要深入研究物流能力统计，首先必须对物流能力统计的基本理论进行合乎论理的判断和推理，弄清楚基本概念，剖析主要特征、功能属性及内外联系，进而从整体上认识和把握物流能力统计的本质和规律。

第一节　物流能力统计的基本概念

概念是理论研究的基础，是对事物本质的一种理性认识。要按照揭示和描述客观事物本质的研究思路，对物流、物流能力、物流统计、物流能力统计等相关概念进行恰当界定。

一、物流

后勤领域的物流是因社会的进步和战争的需要而出现的。随着战争规模的扩大，交战双方对物资需求增加，物流得到了迅速的发展。纵观物流发展的历史轨迹，大致经历了古代物流、近代物流和现代物流三个历史阶段。

1. 古代物流

由于战争需要大量的粮食、兵器及草料等，一些军事家开始重视物资储存和运输。在储备上，我国春秋时期政治家、思想家管仲提出了"仓廪实"

的思想；我国春秋时代大思想家孔子将"足食"与"足兵""民信"并论，称为治军的三项基本要素。当时，军队开始设置专门的粮食库和兵器库，但仓储规模小、设施设备简单落后、作业效率低。在运输上，古代作战物资的运输主要是畜力运输，后来，为了提高运输速度和载重量，制造了专门的运输工具。在物流体制内，古代军队设有专门负责粮草物资供给和运输的官员和机构。

2. 近代物流

18 世纪下半叶蒸汽机的发明导致了工业革命。从 19 世纪初开始，蒸汽机相继应用于船舶和在铁路运行的车辆上，于是机动船和机车问世了，从此开辟了近代运输的新纪元。1825 年英国发明家 G. 斯蒂芬森制造的蒸汽机车在英国行驶成功，从此揭开了铁路运输的序幕。由于周密设计的铁路网可极大地增强国防运输力量，许多国家按照国防战略要求，修建或改造铁路网，以提高部队和物资快速输送的能力。铁路的迅速发展，对于保障第一次世界大战中军队大规模动员、机动、展开以及物资补给起到了巨大作用。同时，新技术的应用促进了武器装备的发展，战场物资消耗逐渐增加，战争对物资保障的依赖性增强。随着战争规模扩大和武器装备的发展，军需物资的品种日益复杂，战争消耗急剧增加，进一步促进了物流的蓬勃发展，提出了建仓储物、备战抗灾的军事仓储思想，建造了大量的粮食、武器仓库，仓储设施完整，仓储规模扩大，储存物资品类多样，形成比较完整的战略、战役、战术三级仓储体系，各种先进的仓储机械和科学的管理方法在仓库中推广应用。

3. 现代物流

1885 年德国人 K. 本茨制造出一辆由内燃机驱动的汽车，从此，汽车很快成为公路运输的主要运输工具，并广泛应用于军事目的。1903 年，美国莱特兄弟制造了以内燃机为动力的第一架双翼飞机，开始了航空史的新纪元。1865 年美国宾夕法尼亚州建成第一条原油输送管道。在第二次世界大战中，输油管线在战争中发挥了重要作用。目前，管道运输已成为五大运输方式之一。20 世纪 50 年代以来，世界各国在继续发展各类运输的同时，努力调整铁路、公路、水路、航空和管道五种运输方式的合理分工，建立协调发展的、立体的、现代化的综合运输体系。运输方式的多样化、综合运输体系的发展，为现代物流的快速发展打下了良好基础。同时，现代科技进步也推动着仓储快速发展，仓储作业机械化、自动化，仓储管理体制高效化、方法科学化、人才专业化，逐步建立了适应信息化智能化战争要求的仓储体系。

第二次世界大战之前的物流，主要还侧重于仓储和运输两大功能，还没有形成完善的、科学的物流理论体系。现代物流的真正形成是在第二次世界大战。在第二次世界大战期间，美军及其盟军为了战争的目的，需要在横跨欧洲、美洲、大西洋的远距离空间范围内进行军需物资的补充调运。在人员调动，军用物资装备的制造、运输、供应、战前配置与调运、战中补给与养护等后勤活动中，采用了一系列的技术、方法，使得这些后勤活动既能够及时保障供给、满足战争需要，又能够省费用、少时间、低成本，还可以安全、巧妙地回避敌方攻击。这些实际上都可以归结为对军需物资的采购、运输、仓储、分发进行统筹安排、优化调度和全面管理。这些研究成果的应用对战争胜利发挥了显著的作用。通过总结这些后勤活动的方法和技术，形成了一些系统的理论、方法和技术，并发展成为一门"后勤管理"学科——物流学。这些物流的方法理论，在第二次世界大战后被引入经济部门，应用于流通领域和生产经营管理全过程中所有与物资获取、运送、储存、分销有关的活动，取得了很好的效果。

二、物流能力

20 世纪 80 年代，国内外学者对物流能力进行了较为系统、深入的探讨，从成本、资源、运作过程以及供应链等多个角度对物流能力进行了研究。

1. 从成本角度

唐纳德·J. 鲍尔索克斯等提出，在总成本最低的状态下，厂商对客户提供优质服务的水平是物流能力。

2. 从资源角度

多尔蒂等提出，物流能力是企业组织管理信息、资产、文化等一切资源必不可分的重要组成部分；王侃昌等提出，物流能力是企业对资源进行开发、利用、创造的一种本领；梁雅丽和吴清烈提出，物流能力是企业人力、物力、技术等多种资源统筹整合形成的一种综合能力。

3. 从运作过程角度

谭清美等提出，物流能力是企业向客户提供物流服务过程中所具备的水平。胡双增提出，物流能力是以满足客户需求为目标，对仓储、运输、配送、流通加工等整个运作过程进行管理的一种持续保障能力。物流能力与企业竞争实力成正相关，物流能力越强，企业竞争优势越大，能够为企业创造更多经济利益。汪鸣、冯浩提出，物流能力是企业为客户提供优质服务，对货物进行有效管理和控制物流运作过程的能力。曾峰和李夏苗提出，物流能力是为达到物流服务目标，对物流活动进行管理所展示出来的能力。

4. 从供应链角度

马士华等提出，物流能力集中体现为供应链要素能力和运作能力相互作用的综合评价。蔡鉴明和曾峰提出，物流能力是以总成本最低、客户价值最高为目标的一种综合评价。具体来说，企业在采购、生产、销售，再到最终客户的完整供应链运作过程中表现出来的物流服务能力，由客观基础要素能力和主观管理能力决定。刘伟华等提出，物流能力是在物流系统的协调下产生的，是供应链要素能力和运作能力的综合体现。

目前，国内有两位学者对军事后勤领域的"物流能力"概念进行了深入研究。一是姜丽莉在《军事物流能力优化模型与策略研究》一文中指出：物流能力是一种综合能力，是满足部队供应保障的能力，既包括战时的供应保障，也包括平时的供应保障。物流能力有狭义和广义两种解释：狭义是指对部队静态物流设施和设备的管理能力；广义是指对部队动态物流整体运行的管理能力。二是祝尔坚认为，从满足战争对物资的需求看，物流能力提升的着眼点有以下两个方面：①物资空间移动的能力，这是物流时空属性所要求具备的基本功能；②物资精确供应的能力，这是军事属性所要求具备的特殊功能。这两个功能综合构成了物流的整体能力。

结合专家学者的观点，基于系统论的主要原理，将"物流能力"定义为物流系统满足部队作战、建设及其他物资需求的综合能力。它包括以下三个方面的能力：一是基础要素能力，依据系统规模效应的理论，基础要素能力是由人员、军用物资、设施、装备、信息等基础要素所产生的能力；二是功能要素能力，依据系统结构效应的理论，功能要素能力是通过指挥、管理、编组及训练等组织手段作用于基础要素，从而形成筹措、运输、储存、配送等结构各异的作业能力；三是集成能力，依据系统整体涌现性的理论，经过对功能要素能力进行统筹、协调、整合、优化，从而获得大于各功能要素能力直接加和的集成能力。

三、物流统计

（一）统计

统计活动历史悠久。最初的统计是一种计数活动，是统治者出于治理国家的需要而收集与人力、物力、财力相关的数据资料，作为管理国家的依据。而现代的统计已经发展成为一门数据分析的学科，其统计理论和方法被应用到社会、经济、自然等各个研究领域。可见，统计本身不是目的，而是一套数据收集、处理、分析的手段、方法和工具，用以反映社会某领域的现状、过程或特征。历史上，任何一个军事家都懂得"知己知彼"。"知己知彼"其中就包括准确地掌握敌我双方人力、物力、财力的数量、质量等基本统计资料。

（二）社会物流统计

社会物流统计理论是为适应我国物流产业快速发展的需要而迅速发展起来的。2004 年，国家发展改革委、国家统计局批准中国物流与采购联合会开展物流统计工作，中国物流与采购联合会建立了社会物流统计核算与报表制度，从国家层面对全国的物流活动进行统计调查与核算。2009 年，国务院对物流业提出明确要求，要深入研究物流统计理论和方法，在加强物流统计工作的基础上，建立全面系统的物流统计指标体系和科学的统计调查方法，完善统计调查制度以及统计数据管理制度，进一步提高物流统计对社会经济发展的贡献率。刘延平、李卫东主编的《物流统计学》一书中指出，物流统计是在经济管理理论的指导下，将统计学理论与方法运用到物流产业领域中，以揭示物流领域中经济、管理活动关系的内在规律性。张志俊编著的《物流与供应链统计》一书中指出，物流统计是在现代物流管理理论的指导下，将统计学的理论与方法运用到物流领域，对物流活动过程中的数据进行收集、处理、分析，并从中得出结论的实践和研究等活动的总称。

（三）后勤统计

物流是一个综合后勤各业务工作的复杂系统，是后勤系统的主干。只有对后勤系统统计工作有清晰认识和深入了解，对物流能力统计的研究才会更便利。

后勤统计是社会经济统计的一个分支，既是统计在后勤领域的具体运用，也是后勤建设不可缺少的一部分。后勤统计的概念有广义和狭义之分。广义的后勤统计泛指国家武装力量后勤保障中的各种统计，以及国家军事力量中的后勤机构、后勤理论等方面的统计。狭义的后勤统计是指对后勤保障工作的统计,即对以人力、物力、财力、设施和技术来保障军队建设和作战需要的各种勤务活动的统计。原中国人民解放军后勤学院编写的内部教材《军队物资统计》一书对军事后勤统计的研究具有开创性意义,该书认为物资统计是应用社会经济统计的基本理论和方法,对物资流通与使用过程的数量方面进行调查研究和科学管理的一种活动。

按照统计内容不同,物流统计可以分为物流需求统计、物流成本统计、物流外部环境统计以及物流能力统计等。物流统计是在运用科学统计理论和方法的基础上,通过收集、筛选、汇总、分析部队战时和平时物流保障的相关数据,描述和分析物流系统在需求、成本、外部环境、能力生成等多个领域的规模、水平、发展速度以及变化趋势的一系列活动。

四、物流能力统计

(一) 地方和军队对物流保障能力的研究逐渐深入,为物流能力统计研究奠定了坚实的理论基础

地方对物流能力的研究成果丰硕,军队对保障能力的研究逐渐深入,都为物流能力统计研究奠定了坚实的理论基础。随着物流业的蓬勃发展,地方高校和科研院所对物流理论研究不断深入、不断创新,一系列的理论专著、教材和学术论文相继出版。另外,保障能力研究一直是军内专家学者研究的重点内容。经过多年的研究积累,保障能力的研究逐渐深入,形成了一系列理论成果,提出了很多值得借鉴的学术观点。地方和军队的这些研究成果为物流能力生成理论、统计指标设计、分析评价模型建立等内容的研究奠定了坚实的理论基础。

(二) 社会物流统计、后勤统计的丰富研究成果,为物流能力统计研究打开了思路

随着物流产业在国民经济中的地位越来越重要,社会物流统计理论与实践已经成为国民经济和社会运行状况的晴雨表,社会物流统计新理论、新思想、新方法也日臻完善。另外,通过文献发现,军队很早就结合各业务活动特点,研究后勤活动的统计分析工作,这些研究成果都为物流能力统计研究打开了思路。

（三）物流能力统计研究尚处于空白状态，亟须创新发展

目前，对物流能力统计的直接研究理论尚处于空白，相关的研究资源十分匮乏。一方面，缺乏物流能力生成的总体研究。军队没有理论专著对物流能力生成进行专门研究，只有少数学者对物流能力的构成要素、评价方法等进行研究，研究的深度也不够，缺乏系统性。另一方面，缺乏物流能力统计的系统研究。目前，只有针对某个物流环节某个物流要素的统计研究，比如物资、仓储、运输的统计分析，而针对物流能力系统完整的统计指标设计、统计体系构建、统计分析评价模型建立等都没有文献涉及。因此，亟须借鉴地方物流能力评价、社会物流统计、军事和后勤统计的研究成果，潜心研究物流能力统计的理论体系，并在统计体系建设、统计指标设计和评价分析模型构建等应用理论上多下功夫，争取研究内容具有创新性、前瞻性和可操作性。

从物流统计的概念可以看出，物流统计内容涉及需求、成本、外部环境、能力生成等多个领域，物流能力统计是物流统计的重要内容之一。本书将"物流能力统计"的概念定义为以物流能力生成过程中的能力指标为统计内容，运用统计学的理论与方法，对能力指标进行收集、整理、计算、分析、解释、表述的一系列活动。其本质是对物流基础要素能力、功能要素能力、集成能力相关数量关系和内在规律进行数据挖掘、描述、分析及评价的方法。

从统计范畴和内容看，物流能力统计明显区别于物流成本统计、物流需求统计等其他统计内容，统计范畴明确为物流能力生成的全要素、全过程，统计内容明确为物流能力生成过程中的能力指标，这既是物流聚焦保障打赢的内在要求，更是有效开展物流统计工作的着力点和落脚点。从统计概念看，本书既从统计学的角度进行基础理论研究，又从统计工作的角度进行统计体系的构建、能力指标的设计以及统计模型的运用。物流能力统计的基础理论为其统计工作的开展提供了理论指导，物流能力统计工作是统计理论的重要来源和检验基地，两者密切相关，缺一不可。因此，本书研究的"物流能力统计"包括物流能力统计基础理论和统计工作实践两方面内容。

正确理解物流能力统计的概念，需要重点关注以下几点。一是物流能力统计的本质是一套对物流基础要素能力指标、功能要素能力指标、集成能力

指标进行数据收集、处理、分析、评价，并从中得到结论的方法。二是能力指标是物流能力统计工作的主要内容，统计工作是为研究物流能力数量关系服务的。三是物流能力统计工作具体包括三个部分：基础要素能力指标的采集与整理、功能要素能力指标的统计分析和集成能力指标的综合评价。四是物流能力统计的目的是描述状态，并从中发现数量关系和内在规律。

第二节　物流能力统计的主要特点

物流能力统计与物流需求统计、物流成本统计、物流外部环境统计等其他物流统计领域进行比较，除了具有物流统计共有的一般特征外，还具有以下突出特点。

一、统计目的聚焦保障打赢

与物流需求统计、物流成本统计相比，物流能力统计目的更加聚焦保障打赢。具体表现在，物流能力统计通过对物流能力的描述和评价，重点反映物资保障的时效性、可靠性、精准性及安全性，其统计目的是评判物流能力水平及满足作战需求的程度，为平时管理服务和战时指挥决策提供有参考价值的信息。其他领域的物流统计大多是从经费使用、资源投入、客观环境等角度对物流活动相关数据进行统计分析，它们的统计目标各有侧重，比如，物流需求统计的目标是有效地提供部队需求数量和物资结构的统计数据，为制订物资储备计划、签订采购合同以及规划仓储布局提供决策依据；物流成本统计的目标是正确地提供运输费用、保管费用等物流经济活动统计数据，为控制经费使用、调节经费流量和流向、提高经费使用效益提供决策依据；物流外部环境统计的目标是为了掌握社会物流资源、分析所处外部环境的潜在威胁、推动技术进步提供数据支撑。相比以上领域的物流统计，物流能力统计以作战需求为牵引，更加重视物流能力生成的特点和规律，聚焦物流能力水平及满足部队物资需求的程度，促进军事物流活动追求最优军事价值和军事效益。

二、统计数据注重安全保密

除了一些涉及国家和军队战略安全的敏感数据，绝大部分的物流外部环境统计数据都可以从统计网站、统计年鉴、统计电子数据库和媒体报道等信息资源中搜索查询到。物流需求统计和物流成本统计涉及力量编成以及国防经费的流量和流向，相比物流外部环境的统计数据，具有较高的保密性。而物流能力统计过程涉及物流人员、军用物资、设施、装备等要素的数据，大部分统计数据是军队系统特有的，保密级别高，如储备物资的数量、物流装备的数量、仓库的数量，等等。一旦这些统计数据泄密，将会对军事安全甚至国家安全构成严重威胁，后果不堪设想。因此，在收集、整理和使用统计资料的过程中，应加强统计数据的安全管理，增强统计人员的保密意识，建立安全保密的统计制度。

三、统计内容凸显能力指标

物流需求统计主要包括物资需求量统计、物资结构统计以及部队用户统计等；物流成本统计主要包括物流费用和物流成本控制两方面的内容；物流外部环境统计主要包括经济环境统计、社会环境统计、技术环境统计、自然环境统计等。而相比这些领域，物流能力统计内容更加凸显物流能力指标。一方面，物流系统是由许多分系统构成的，而每个分系统又由若干个子系统构成。物流能力统计指标是在物流系统层层分解基础上构建的能力指标，即底层是基础要素能力指标，中间层是功能要素能力指标，顶层是集成能力指标。另一方面，物流活动要经过筹措、储存、运输、配送、包装、装卸、搬运诸多环节。物流能力统计力求全面系统地反映物流系统的能力状况，而不是对物流活动某一环节、某一部分、某一阶段能力指标的统计。因此，统计内容不是片面地描述某一要素能力指标水平，而是要在做好单个要素能力指标统计的基础上，运用科学的统计分析方法和模型进行综合加工，得出全面客观的统计结果，实现物流能力综合全面统计。

四、统计过程更加及时高效

物流成本统计一般按季度进行统计调查与分析，符合国防经费使用和运行以及国家经济状况变化规律；物流外部环境统计按年提供统计数据，基本能够满足平时物资管理对统计数据的需求。随着部队训练任务的增多，人员变动较大，装备技术更新换代加速，物流需求统计要求的时效性就更高一些。而物流能力统计是为保障打赢服务的，现代战争讲求速度制胜，高度压缩了战争空间和时间，关系着战争的主动权，决定着战争的胜负。再加上战争的突发性，使得物流系统各个要素必须具有很强的动态性，这就要求物流能力统计过程更加及时高效。统计工作完成时间必须先于作战指挥员作出决策的时间，统计工作的各个环节都有严格的时间限制，从统计资料的获取、处理、分析到运用，要求花费时间短。尤其是情况发生骤然变化时，统计过程的时效性就更加凸显。可见，物流能力统计的价值与提供的时间成反比，时间的延误，将会大大降低统计结果的价值。即使是平时，物流能力统计也难以像其他领域的统计工作那样按部就班地展开，也要运用先进的技术和科学的制度努力提高统计工作的时效性。

五、统计结果辅助精准决策

物流能力统计结果主要表现为数据、资料、图表及报表等，统计结果的精准性保证指挥决策的精准性和科学性。缺少精准的统计结果，就不可能高效地完成物资保障任务；错误的统计结果，只会传递给作战指挥员错误的信息，甚至有可能因决策判断失误而延误战机，最终导致战争的失败。失真、虚假、不准的统计结果，会导致作战指挥员对物资保障认识的偏差，无法全面把握战争态势和制订正确的作战计划。因此，不仅要通过物流能力统计掌握准确的统计数据，而且统计结果与保障任务不能有偏差，甚至要求统计结果能够超前预测保障内容和需求数量，才能为作战指挥员做出精准决策提供准确的数据支撑。

第三节　物流能力统计的要求

一、正确处理主观判断与客观反映的关系

物流能力统计过程中，既有客观因素发挥作用，又受到主观因素影响。比如，能力指标体系是对客观事物的反映，客观地表达了物流能力生成过程中的客观因素在具体时间、空间以及具体条件作用下，实际已经达到的能力水平和程度。它是客观存在的东西，不以人们的主观意志为转移。针对特定统计对象建立的能力指标体系，则是由相关领域的专家学者通过调查、整理、汇总、经验判断而确定的，势必受到一定主观因素的影响。物流能力统计既

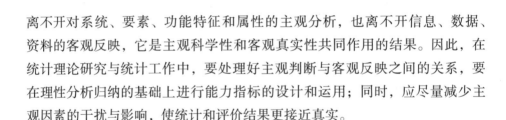

离不开对系统、要素、功能特征和属性的主观分析，也离不开信息、数据、资料的客观反映，它是主观科学性和客观真实性共同作用的结果。因此，在统计理论研究与统计工作中，要处理好主观判断与客观反映之间的关系，要在理性分析归纳的基础上进行能力指标的设计和运用；同时，应尽量减少主观因素的干扰与影响，使统计和评价结果更接近真实。

二、统计资料系统积累和科学分类

统计资料积累和分类是进行物流能力统计分析的基本前提。离开了对物流资料的积累和数据信息的科学分类，就无法开展统计工作。比如，研究物流筹措能力，首先要按不同标志对统计资料进行分类，可以按筹措的方式、筹措的物资，以及供货的企业资质等。只有这样，才能从不同方面统计军用物资筹措情况，分析军用物资筹措的结构和特点，掌握筹措能力的规律。因此，必须扎实做好统计资料系统积累和科学分类工作，为物流能力统计工作打下坚实基础。

三、统计信息真实准确和完整及时

统计是支撑经济和社会发展的基础性工作，是国家对经济和社会发展宏观调控的重要依据。因此，要保证统计资料的真实、准确、科学和完整，防范统计资料造假。对物流统计的核心要求更是真实准确、完整及时。一方面，打赢信息化智能化战争必须要有真实准确、完整及时的统计资料作为支撑。物流能力建设最终目的是服务于战争需要，统计资料弄虚作假，分析不及时、不完整，必将影响作战指挥员的决策，势必造成物流保障网络的混乱，甚至延误战机导致战争失败。只有真实准确、完整及时的统计数据，才能有效指导物流能力建设，满足部队作战需要。另一方面，真实准确的数据是统计工作的灵魂。真实是指统计资料数据必须实事求是、客观如实地反映物流活动。准确是指统计分析结果要接近事实，确切地反映物流能力水平。真实准确是对物流能力统计工作的基本要求，也是统计工作的本质体现。不真实的统计数据资料，一定输出不准确的统计分析结果，必然误导使用者和决策者，从而失去统计工作的价值和意义。所以，要努力提高原始数据的真实性，更要选择科学合理的统计分析方法，准确地反映物流能力的真实状况。

四、统计工作标准统一和程序规范

统计标准是对统计工作所做的统一规定，一般以军队标准或部门标准形式发布。它是各单位开展物流统计工作的规范要求和共同语言。统计标准包括统计指标概念、计算方法和应用规范，统计调查范围、内容、程序规范，统计结果发布范围、内容、程序规范等。在统计标准中，要明确实施统计数据收集、统计数据分析、统计数据应用等各步骤的统一程序，并逐步形成权威的统计制度。统计标准不统一、统计程序不规范，势必造成物流能力统计工作的混乱不堪、统计结果的严重偏离实际。只有建立统计标准，建立科学合理的统计制度，并依规统计、依法统计，才能确保物流统计工作的优质高效。

五、做好物流能力分析和评价

物流能力评价是遵循评价工作机制，依据评价目的，采用特定的指标体系，对照相应的评价标准，对物流能力进行科学衡量与比较，并作出客观、公正、正确判断的过程。从近几年保障能力评价的实践看，评价方法通常是抽调人员临时突击检查，缺乏系统的统计数据支撑，难以确保评价结论真实可靠。物流统计工作注重数据资料收集的常规性和连续性，是定期进行数据收集、整理、分析的循环性工作。以统计数据为基础才能为物流能力评价提供有力的支撑，平时的统计工作越扎实、整理收集的统计数据越全面，评价工作的开展就越顺利，评价结果就越准确。另外，统计资料只有用于评价，才能充分发挥统计资料的作用，才能挖掘出更多有价值的信息。由此可见，评价离不开统计。物流统计不仅能够全面描述物流能力的状况，而且能够有力支撑物流能力定量评价。在统计分析基础上，进行物流能力评价，能够有效拓展并延伸物流统计的功能。

第三章 物流能力统计方法步骤

物流能力统计方法步骤主要包括统计设计、统计调查和统计整理。统计设计是统计工作的第一个工作阶段，是根据统计研究对象的性质和研究目的，对统计工作各个方面和各个环节进行通盘考虑和安排。统计调查是统计工作的第二个工作阶段，它在整个统计研究中担负着向各级决策机构提供有关基础资料的任务。统计整理是根据统计工作任务的要求，对统计调查所取得的原始资料进行科学的分组、汇总，使其系统化、条理化，得出能够反映现象总体特征的综合性资料，为统计分析和评价做好准备。

第一节 统计设计

从认识上看，统计设计是对统计总体的定性认识和定量认识的连接点，将研究对象作为一个整体进行全面的反映和研究，使各个方面的统计活动协调一致。统计设计的内容非常广泛，本节除介绍统计设计的一般概念外，重点对物流能力统计指标与统计指标体系的设计进行叙述。

一、统计设计的分类和主要内容

（一）整体设计和专项设计

按照认识对象的范围，统计设计可分为整体设计和专项设计。

整体设计是把认识对象作为一个整体，对整个统计工作进行全面的设计。整体设计的主要内容如下。

（1）统计指标和统计指标体系的设计。

（2）与统计指标体系相联系的统计分类和分组的设计。

（3）收集统计资料方法的设计。

（4）统计工作各个部门和各个阶段的协调和关联。

（5）统计力量的组织和安排。

专项设计是把一个组成部分作为研究对象的统计设计。

（二）全阶段设计和单阶段设计

按照工作阶段来说，统计设计可分为全阶段设计和单阶段设计。

全阶段设计是对统计工作全过程的设计，即从确定统计内容、统计指标体系开始到分析研究全过程的通盘安排。全阶段设计的主要内容如下。

（1）明确规定统计的目的。

（2）确定统计对象范围，即统计总体和总体单位的范围。

（3）规定统计的空间标准和时间标准。

（4）根据统计目的，制定出调查登记项目、分类和分组方法，以及统计指标的计算方法。

（5）制定保证统计资料准确性的方法。

（6）规定各阶段的工作进度、时间安排、相互联系和基本方法。

（7）统计工作全过程的组织工作。

单阶段设计是统计工作过程中某一阶段的设计，如统计调查设计等。

（三）长期设计和短期设计

按照时期来讲，统计设计可分为长期设计和短期设计。长期设计一般指五年以上的统计设计，短期设计一般指年度之内的统计设计。

二、统计指标及其体系设计

（一）统计指标

1. 统计指标及其构成要素

对统计指标的含义，一般有两种理解和使用方法。第一种，统计指标是指反映总体现象数量特征的概念。按照这种理解，统计指标包括三个组成要素：指标名称、计量单位和计算方法。这是物流能力统计理论及统计设计所使用的统计指标的含义。第二种，统计指标是反映总体现象数量特征的概念和具体数值。按照这种理解，统计指标除包括指标名称、计量单位和计算方法三个要素外，还包括时间限制、空间限制和指标数值。这是物流能力统计工作中使用的统计指标的含义。这两种理解都可以成立，它们分别适用于不同场合。

2. 统计指标的作用

从认识的角度来讲，统计指标起到指示器的作用和反映一般数量关系的作用。指示器的作用是指它用数字表明客观存在的各种事实、现状及发展过程，就像机器的仪表或指示器一样。反映一般数量关系的作用是指根据过去大量事实可以总结出事物之间及其发展上的一般数量关系。从管理和科学研究的角度讲，统计指标是基本依据之一。无论制定政策、计划以及调度和调节，还是科学研究，都要从实际出发，也就是从客观事实出发。统计指标提供的是用数字表现的事实，因此它成为统计数据分析研究的基本依据之一。

3. **统计指标的种类**

（1）从统计指标所说明的总体现象不同来讲，可以分为数量指标和质量指标。

（2）从统计指标的作用和表现形式来讲，统计指标可以分为总量指标、相对指标和平均指标。总量指标是反映总体现象规模的统计指标，说明总体现象的广度，表明总体现象发展的结果，特别是用来说明工作成果；相对指标是两个有相互联系的总量指标相比较的结果；平均指标是按某个数量标志说明总体单位的一般水平的统计指标。

（3）从统计指标在管理上所起的作用来讲，可分为考核指标和非考核指标。考核指标是根据管理的需要用来评定优劣、考核成绩、决定奖罚的统计指标；非考核指标是用来了解情况和研究问题的，它随总体现象的特点及研究目的而定。

（4）从统计指标具有的功能来讲，可以分为描述指标、评价指标和决策指标。描述指标是对客观事物的各个方面及全过程进行描述的统计指标；评价指标是根据不同的需要对客观事物发展过程势态的优劣进行分析评价的统计指标；决策指标是指对管理的决策具有直接依据或重要参考价值的统计指标。

（二）统计指标体系

1. **统计指标体系的作用**

统计指标体系比单个统计指标更为重要。一是统计指标体系反映了研究对象总体的相互联系的性质，也反映了指标之间的相互联系。二是单个统计指标只反映总体现象的一个侧面，统计指标体系是相互联系的一整套统计指标，可反映总体的全貌。

2. 统计指标体系的分类

根据说明问题的特点，统计指标体系可分为以下几类。

（1）基本统计指标体系和专题统计指标体系。

基本统计指标体系是指反映研究对象各个层次及基本情况的指标体系。这里的基本情况包括研究对象的活动条件、活动过程及成果等；专题统计指标体系是针对研究对象总体的某一方面设计的统计指标体系。

（2）宏观指标体系、中观指标体系和微观指标体系。

一般的研究对象或系统可划分为三个层次，即宏观、中观及微观。分别针对三个层次的不同需要，而设计的统计指标体系，称为宏观指标体系、中观指标体系及微观指标体系。

（3）描述指标体系、评价指标体系和决策指标体系。

描述指标体系主要描述研究对象的基本情况，提供基本信息；评价指标体系主要对研究对象发展过程中的各种情况进行分析，以明确其优劣；决策指标体系主要为管理者提供决策的直接依据。

（三）统计指标及指标体系设计的主要内容

统计指标及指标体系的设计是密切相连的，许多问题要统一考虑，以下为设计的主要内容。

（1）确定统计指标体系包括统计指标具体内容、核心指标，统计指标之间的相互联系。

（2）确定统计指标的名称、含义、内容和计算范围。统计指标的名称和含义一般根据实质性科学的概念和管理上的需要而定。实质性科学的概念是经过科学抽象的理论概念，是对客观现象定性研究的结论。指标的内容是指对指标所包含的内容要做具体明确的规定。指标计算范围是指标计算的口径范围，从而明确哪些应归入统计指标、哪些不应包括在内。

（3）确定统计指标的计量单位。统计指标的计量单位一般有实物单位、劳动单位和价值单位等。

（4）确定统计指标的计算方法。统计指标的计算方法有简单、复杂两种。有的统计指标确定了总体范围及口径后并不需要规定具体计算方法，有的统计指标的计算却要建立数学模型。

（5）确定统计指标的空间范围和计算时间。空间范围包括地区范围，也包括组织系统的范围；计算时间的确定主要规定统计指标取得数据的时间界限。

三、统计指标体系设计的基本依据

进行物流能力统计指标体系的研究和设计，一个首先要考虑的问题就是确定其基础及遵循的原则。对物流系统如何认识，建立指标体系应遵循什么样的原则，采用什么样的方法，是一个十分重要问题。正确的指导思想将为物流能力统计指标体系的建立和研究打下坚实的基础。

（一）充分吸收国内外现有成果，紧密联系军队实际，建立切实可行的具有军队物流特色的统计指标体系

社会上主流的有关统计学原理的教科书，很少有专门论述与物流能力统计设计以及指标体系建立有关的内容。建立物流能力统计指标体系，必须坚持"古为今用""洋为中用"的原则，努力学习和研究一切现有成果，借鉴成功的经验，吸收失败的教训。统计指标体系建立的理论和方法是一门科学，其思想具有广泛的适用性。因此，必须广泛收集有关资料，包括国内外、军内外有关指标体系建立的原则和方法以及研究成果。调查研究表明，早在20世纪60年代国外统计指标体系的研究就已开始，美国、日本及欧洲一些国家早已建立一些较完整的指标体系，我国也于20世纪80年代系统地开始研究社会、经济、科技指标体系，因此物流能力统计指标体系的建立，可以借鉴他人的经验。同时，指标体系的建立必须结合军队的实际情况，未结合实际地全盘照抄是不科学的做法。国内国外情况不同、军内军外情况不同，只有密切结合物流的实际情况，才能建立起反映物流能力生成过程的指标体系。

（二）深入细致地研究物流系统的目标体系，建立一个为物流能力目标体系服务的统计指标体系

不同系统有不同的目标体系和功能，目标和功能的偏差必然会造成系统的混乱。因此，建立物流能力统计指标体系必须以物流能力目标体系为依据，并用它来评价和监控指标体系方案的设计。物流系统总目标是由一个复杂庞大的目标体系构成的。它既是多层次的，有宏观、中观和微观之分；又是动态的，随着各个历史时期的变化而有所不同，因此，物流能力统计指标体系服务对象必须兼顾各个层次的需要，并能充分地反映新的历史时期的总任务及发展的总目标。

（三）应用系统工程的理论和方法，采用立体思维方式，进行统计指标体系的建立与设计

统计指标体系的建立是一项软科学的研究，它不同于其他领域的研究那样采用试验、实验或其他方法即可成功，它的研究必须按照系统工程的理论和方法进行。大量的研究表明，系统工程的确是当今社会解决各种系统性问题所能使用的正确方法。所谓系统工程是基于对客观事物运动规律的认识，在系统思想的指导下，综合运用各种现代化的方法、技术和工具，合理解决问题的方法论，或者说是把已有学科分支中的知识有效地组织起来，用以解决综合性工程问题的技术。

应用系统工程观点、理论和方法，还要对各种现代化管理知识进行选择、组织和协调，为指标体系的建立服务。利用系统工程解决问题，绝不是照抄几条原理就可以取得成功的，还必须具有创造性，综合这一系统工程的主要特征。新的结合就意味着创造。为此，指标体系的建立和开发，必须将各种有关科学综合运用。

从系统论观点出发，还必须采用多维思维方式，对物流系统进行多角度的分析描述，充分认识物流系统的特征。对系统不仅从横向上、纵向上，还要从立体上进行认识。同时，从系统的目的性、集合性、相关性、层次性、整体性及环境适应性等方面，对系统进行多维思维。不能孤立地研究物流系统本身，还要将物流系统放到军事系统的大环境中，去考虑同其他子系统的关系。同样，分析物流系统各组成要素时，也不能孤立地考虑某个要素，应分析要素所处层次同其他要素的关系，以及该要素在整个系统中的位置。

应用系统论思想还有一个重要的含义，就是指标体系的建立过程必须始终遵循系统工程的程序。指标体系的研究和设计，是一门规模较大、结构复杂、因素众多的统计设计，是一项系统工程。统计设计是统计认识的先行阶段，从对客观对象的性质、功能的认识到确定对象的范围，最后确定统计指标体系。整个过程的设计和研究，都要按环境分析、目标分析、系统结构分析、指标体系的建立等系统工程的程序进行。

四、统计指标体系设计的原则

物流能力统计指标体系的设计应遵循以下两个原则。一是实用性原则，

即指标体系应具有使用价值。物流统计指标体系不仅要从理论上进行研究，更重要的是，它的建立应能满足作战保障需求，具有使用价值。实用性原则是指标体系建立的各项原则在指标体系中体现程度的综合度量，是理论与实际结合程度的一种度量。指标体系是否实用，需要有关专家的评判及在实践中的检验。二是寿命性原则。所谓指标体系的寿命是指标体系从建立到被淘汰之间的时间，它包括技术寿命和物理寿命。技术寿命是指指标体系建立所采用的理论、方法的生存时间。技术寿命要求指标体系建立采用的理论、方法在目前及近几年是最优的；物理寿命是指指标体系有效服务年限。

物流能力统计指标体系应是一个动态平衡体，具有动态功能，即某个或某些指标的更换不影响指标体系整体的功能发挥。

第二节　统计调查

统计调查是根据物流能力统计研究的任务和目的，运用科学的方法，有组织、有计划、系统地收集物流原始资料的工作过程。通过统计调查，不仅能为统计研究提供丰富的资料，而且能够取得真实数据。统计调查资料的准确、完整和系统，能为统计整理和统计分析提供可靠的基础。取得的材料是否完整、准确，将直接影响今后各阶段工作的质量。所以，收集资料的统计调查，是保证统计任务的完成、发挥其服务和监督作用的前提条件，是具有决定意义的基础环节，必须给予足够的重视。

一、统计调查的要求

统计调查是收集资料并获得感性认识的第一阶段。它既是获得物流真实资料的基础工作，又是进行统计整理和统计分析与评价的基本环节。所以，搞好统计调查，获取丰富而真实的感性材料，是提高统计工作质量的基础。为保证统计调查任务的完成，确保统计整理和统计分析工作的顺利进行，统计资料的收集必须做到准确、及时、全面、系统。

1. 准确性

统计调查首先应保证统计资料的准确性。统计资料必须真实，数据必须准确。这是统计调查的最起码要求，也是最重要的要求。准确性包含着两层相互联系的含义：一是从总体上和认识上来讲，凡是没有歪曲实际情况，基本上正确地反映了客观实际情况，就认为是真实的，一般称为真实性；二是微观地从个体上和计量上来讲，一般称为准确性。

2. 时效性

时效性是指在统计调查规定的时间内，尽快提供规定的调查资料，并上报指定的统计机关。统计所反映的是客观现实问题的状况，时间拖得越久，资料的效益就越小，甚至完全失去了它应有的使用价值。因此，应树立时间观念和全局观念，不断改进计算技术，尽可能地采用现代化的资料整理和传输工具，以提高统计调查的时效性。

3. 全面性

全面性是指按照调查方案的规定，在保证统计资料正确的前提下，全面收集资料，必须能够反映所研究现象的全面情况。如果资料残缺不全，就不可能得出科学的结论。坚持统计调查的全面性原则，有利于客观反映物流能力整体情况，有利于从现象的联系中认识物流能力内在规律，有利于动态分析物流能力存在的问题。

4. 系统性

统计调查得来的资料还要进行加工整理和研究。为了便于整理，调查得来的原始资料就必须有一定的系统性，而不能是毫无规则的、杂乱无章的。为了满足这一个要求，统计调查前必须制订调查计划和调查表。

以上四点要求是相互结合、紧密相连的，它们在实际工作中又存在一定的矛盾。不能一味地追求准确，而忽略资料的全面、系统；也不能单纯求快，而不管其他几个方面。因此，在调查实践中，要根据具体情况处理好各个要求之间的关系，既要反对机械求全、绝对求准的片面观点，又要反对不顾质量、单纯贪多的错误做法。

二、统计调查的分类

物流统计工作错综复杂，而且不断发展变化。为了正确认识其本质，在组织统计调查时，应根据不同情况采用不同的统计调查方式和方法。统计调查可按不同的标准进行分类。

（一）全军性调查、地区调查和部门调查

按照组织领导统计调查的单位可划分为全军性调查、地区调查和部门调

查。全军性调查是在全军范围内开展的统计调查，一般是为了了解全军物流数据而组织的。由各区域组织领导的在本地区范围内进行的物流统计调查为地区调查。由某一个部门组织领导的在本部门范围内进行的物流统计调查为部门调查，它是为满足本部门管理的需要而组织的。地区性调查和部门调查必须服从全军性调查。

（二）全面调查和非全面调查

按照调查单位的范围可划分为全面调查和非全面调查。全面调查，是对构成调查对象的所有单位都进行调查的形式。它包括统计报表制度和普查。全面调查的目的是取得全面而准确的统计资料。它能够为领导机关进行宏观决策提供依据，为拟制物流体系建设规划、计划，检查、监督政策和计划的执行情况提供依据。全面调查具有范围广，工作量大，耗费人力、物力多，取得资料全面的特点。

非全面调查，是对调查对象中的一部分单位进行的调查，包括重点调查、典型调查和抽样调查。具有调查单位少、节时省力、运用灵活的特点。非全面调查的单位少，可以集中力量对多种调查项目做深入细致调查，提高统计资料的准确性。同时，由于调查单位少，还可以节省大量的人力、物力、财力，缩短调查期限，及时完成调查任务，提高统计资料的时效性。

在物流统计工作中，应根据实际情况，将全面调查和非全面调查很好地结合起来使用。

（三）统计报表调查和专门调查

按照收集资料的组织方式可划分为统计报表调查和专门调查。

1. 统计报表调查

统计报表调查是按军队规定的统一的报表格式、报表内容、报送程序和报送时间，按组织系统自下而上地向军队各决策机关提供统计资料的调查方法。统计报表所包括的范围比较广泛、系统，指标内容和调查周期相对稳定，是统计调查中取得统计资料的一种主要调查方式。统计报表具有收集资料的统一性、全面性、周期性和相对可靠性等特点。

统计报表按报送周期不同可分为定期报表和年报。日报、旬报、月报、季报、半年报等均属于定期统计报表。报送周期越短，花费的人力、物力、财力就越多。要求报送周期短的，指标项目可以少一些、粗一些；报送周期长的，指标项目可以多一些、细一些。年报是具有总结性质的统计报表，报表内容更全面、完整，用来总结年度计划执行情况，并为编制下一年度和长期规划提供依据。年报具有统计范围广、表格和指标较多、分组较详细等特点。

统计报表按报送方式不同，分为邮寄报表和电讯报表。电讯报表又可分为电话和电传等，日报、旬报一般采用电讯报表的方式报送。邮寄报表适用于不是非常急需的统计资料，月报、季报、年报一般采用邮寄报送方式。

统计报表按填报单位不同，可分为基层报表和综合报表。基层报表是由基层单位填报的报表，它反映基层单位的活动情况；综合报表是由主管部门或统计部门逐级汇总填报的报表，它反映一定范围内各单位的活动情况。填报基层报表的单位称为基层填报单位，填报综合报表的单位称为综合单位。

从军队目前的状况看，统计报表制度虽然为统计调查的基本形式，但不是唯一的组织形式，统计报表只能提供物流系统现有状况的基本资料，而不能提供有关某一问题的详细资料；定期的统计报表所设置的统计指标大致和计划指标相吻合，它们在一定的时期中相对稳定，不能很好地反映不断变化中的客观情况，故应在统计报表之外组织专门调查；为了检查统计报表所提供资料的准确程度，也要采用专门调查。

2. 专门调查

专门调查是根据统计调查对象的具体情况，专门组织的统计调查。它常常采取一次性调查方式。专门调查又可分为普查、重点调查、典型调查、抽样调查等具体调查方法。

（1）普查。

普查是指专门组织的对所有调查单位进行的一次性调查。普查的主要特点表现如下：收集资料的一次性和全面性；组织工作上的复杂性和繁重性。在整个统计调查中，借助统计普查，可以全面、系统地掌握物流人力、物力的规模及利用情况。统计普查的组织形式基本上有两种。一种是从上至下专门组织普查机构，配备一定数量的普查人员对调查单位直接进行登记；另一种是不另设专门机构，在各单位本身的统计报表资料的基础上进行。一般情况下，统计普查工作是逐级布置任务，逐级调查汇总上报。有时情况紧急的可以越过各级组织，由统计普查领导机关直接与基层单位、专业部门联系，采用电话、传真、信息化网络等手段报告。统计普查的特点有以下三点。一是必须规定统一的标准时点，目的是避免收集资料时因为自然变动或机械变动而产生的重复和遗漏现象；二是各调查单位必须同时组织实施，并保证方法和步调一致，以保证调查资料的真实性和时效性；三是调查项目和调查内容一经确定，不得随意更改，以免影响汇总综合，降低资料质量；四是同一种内容的普查应尽可能地按一定周期进行，以利于进行动态分析。

（2）重点调查。

重点调查是在调查对象范围内选择一部分重点单位进行的非全面调查。它适用于当统计调查的任务只要求掌握现象总体的基本情况时。重点调查与其他调查方法相比调查单位少，易于确定，可以节约调查费用和人力。同时，可以减少主观因素对资料的影响，把调查项目列得更加详尽，便于收集更加丰富细致的统计资料。

（3）典型调查。

典型调查是在对总体进行全面分析的基础上，有意识地选择一部分典型单位所进行的非全面调查。所谓典型单位，是指对总体具有代表性的单位。人类认识自然界总是先认识个体或特殊事物，逐步扩大到认识一般事物，从而得出事物的普遍规律。从研究对象中，选择一些具有代表性的典型单位，做深入细致的调查研究，有利于进一步认识事物的本质和发展规律，可以研究新情况、新问题，促进新生事物向前发展。典型调查与其他调查方法相比，有两个特点：一是典型调查所选择的单位在同类现象中具有代表性和典型性；二是典型调查的主要目的是认识事物本质特征及其发展变化规律，调查深入细致，同时也注重定性调查。

（4）抽样调查。

抽样调查是按随机原则，从被研究总体中抽取一部分单位进行登记、观察，用于从数量上推断全部总体特征的一种非全面调查方法。抽样调查按其组织形式不同，可分为简单随机抽样、分类抽样、等距抽样、整群抽样、多阶段抽样等。

（四）经常性调查和一次性调查

按照调查时间的连续性可划分为经常性调查和一次性调查。经常性调查是对那些经常变化的调查对象进行连续不断的登记、调查。其主要目的是收集被研究对象的变化发展过程及结果的统计资料。一次性调查是指对那些短期变动不大的研究对象不做连续性调查，而是为了某一特定目的组织的定期或不定期的一次性调查。它的目的在于收集某类事物在某一特定时点上的水平、状态的资料。

一次性调查包括定期和不定期两种：定期的一次性调查是每隔一定时期（通常在一年以上）进行一次，时间间隔大致相等，如物流人员的文化水平和技术水平的统计。不定期的一次性调查是根据某时期或某一特殊情况的需要进行的。在具体调查时，采用经常调查还是一次性调查、采用定期的一次性调查还是不定期的一次性调查，必须依据物流统计工作的性质及调查研究的目的而定。

三、统计调查的主要方法

统计调查方法，指在统计调查过程中收集调查资料的具体方法。按收集资料的具体方法不同，统计调查方法可分为直接观察法、报告法、采访法和被调查者自填法。

直接观察法是统计调查人员深入现场亲自观察、测定、计量，以取得基础资料的一种统计方法。如统计调查人员深入现场亲自参加运输组织、仓库管理、分拣配送等工作流程，从而取得实际的调查资料。直接观察法虽然可以保证收集到的统计资料的准确性，但比较费时费力。

报告法是指各单位根据原始记录或凭证，按照自下而上的原则，逐级填报统计资料的方法。这是物流统计调查工作应用最为普遍的一种方法，这种方法操作较为简便，有相应的制度和组织来保证实施的可靠性。

采访法是指由调查人员向被调查者提问，根据被调查者的回答来收集资料的一种方法。采访法又可具体分为个别访问和开调查会两种。个别访问是根据物流统计工作的需要和具备的条件，由统计调查人员找各种不同层次、不同职业类别人员进行个别交谈，以获取真实可靠的统计资料。开调查会主要是请一些对所调查的问题熟悉的人员参加座谈会，从而取得物流统计调查资料。

被调查者自填法是指调查工作人员向被调查者发出物流统计调查表格，由被调查者自己填写，取得所需物流资料的方法。这种方法容易取得真实情况，节省人力、物力，但被调查者文化素质的高低对调查资料的质量有较大影响，调查表应简便易懂、含义明确，杜绝产生歧义。

四、统计调查方案

统计调查是一项复杂细致的工作，为了在调查过程中统一认识、内容和方法，顺利达到统计调查的目的，在调查之前制定一个周密的调查方案是十分必要的。一个完整、细致的调查方案应包括以下几个方面的内容。

（一）明确调查目的

明确调查目的是指一次统计调查必须有明确的针对性，要明确统计调查所要收集的资料和解决的问题。统计调查是根据一定研究目的收集客观实际材料的过程，其调查的对象、单位、内容和方式等，都要依据调查的目的来确定。因此，制定调查方案，首先要明确调查目的。调查目的的确定必须根据物流统计工作的需要，一定要明确、具体、突出中心，要抓住实质性的问题进行调查，避免盲目性，只有这样才能思想明确、计划周密，节约人力、物力和提高调查资料的质量。

（二）确定调查对象和调查单位

确定了物流统计调查目的后，就可以进一步确定调查对象和调查单位。确定调查对象和调查单位，是为了解决"向谁调查，由谁来具体提供统计资料"的问题。调查对象即物流统计调查研究的现象总体，也叫统计总体。由于统计调查对象的复杂性，要求统计调查要以正确的理论为指导，严格依据军语及军用主题词表的含义，统一规定调查对象的定义，划清范围，以免在统计调查登记时由于界限不清而发生差错。

统计调查单位则是指构成调查总体的各个单位，也就是统计调查中所要登记其标志或特征的单位，统计上称之为总体单位。确定调查单位，可以明确从何处提取所需的资料。调查单位是根据调查目的、对象而确定的，调查目的、对象改变了，调查单位随之改变。

一个调查方案，除了要规定调查单位之外，还应当规定报告单位。所谓报告单位，是指接受调查任务并负责提供调查材料的单位，也叫填报单位。调查单位与报告单位有时是一致的，有时又不一致。例如，当调查各个仓库物流仓储能力的情况时，各个仓库既是调查单位，又是报告单位；但调查物流人员的情况，调查单位为每一名从事物流的人员，而报告单位仍是各个仓库。

（三）拟定调查项目和制定调查表

1. **拟定调查项目**

调查项目反映了进行调查的内容，统计调查就是按照调查项目去登记、收集各单位的材料。调查项目又可称为统计标志。统计标志又可分为品质标志、数量标志、不变标志和可变标志等。选择多少标志、哪种标志，这是确定调查项目的重要问题。不同问题的统计调查项目固然不同，而同一个问题的调查也可能有不同的调查项目。所以应该根据调查的目的、要求和被调查现象本身的特点，缜密地加以研究确定。

在拟定调查项目时，要注意以下几点。

（1）拟定的项目应少而精，只列出为满足调查目的所必需的。可有可无、意义不大的项目或与调查目的无关的项目不应列入。

（2）应本着需要和可能的原则，只列出能够得到确切答案的项目，并且对列出项目提出确切、具体的含义，不能模棱两可，以免造成误解。对于一些项目还需要加以解释，并规定统一的标准。

（3）各个调查项目之间应尽可能做到相互联系，以便调查核对答案的准确性，同时也利于了解现象发生变化的原因、条件和后果。

（4）要明确规定调查项目的答案形式（如是否式、文字式、数字式等），注意本项调查与过去同类调查项目之间的衔接，尽可能保持项目的原有含义，以便动态比较。

2. **制定调查表**

为了便于填写和汇总，通常把调查项目分类设计成各种调查表。调查表也是统计调查方案的重要内容之一，是统计工作中收集原始资料的基本工具。

（1）调查表从内容看，由表头、表体和表脚三部分构成。

①表头。包括调查表的名称，调查单位的名称、性质和隶属关系等。表头上填写的内容一般不做统计分析之用，但它是核实和复查各调查单位的依据。

②表体。包括调查项目、栏号和计量单位等，它是调查表的主要部分。

③表脚。包括调查表填报人的签名和调查日期等。其目的是明确责任，如发现问题便于查询。

（2）调查表从形式上看，有单一表和一览表两种。

单一表，是指一份调查表上只登记一个调查单位。如果调查的项目较多，一份表格可以由几张表格组成。单一表的优点为可以容纳较多的项目，适用于较详细的调查。一览表是指在一份表上登记若干调查单位，适用于调查项目不多的调查，一览表的优点是每个调查单位的共同事项只需登记一次，可节省人力、物力和时间。

由于单一表、一览表两者各有优缺点。采用哪种形式可视具体情况而定，但调查表的设计必须科学，调查项目的排列要注意逻辑顺序，并且项目不宜过多，未列入表的项目可添加文字提要。调查表制定以后，为保证调查资料的科学性和统一性，需要编写填表说明和指标解释。填表说明用来提出填表时应注意的事项；指标解释是说明调查表中每一指标的含义，包括范围、计算方法等。

（四）确定调查的时间、地点和方法

不同时间的调查资料结果完全不同，反映的问题也不同。因此，在每个调查方案中，必须明确调查时间。

统计调查时间包括以下三个方面的含义。首先是指调查资料所属的时间，如果是时期现象，则应明确反映调查现象的起止时间；如果是时点现象，则要明确规定统一标准时点。其次是指调查工作进行的时间，即对调查单位的标志进行登记的时间。最后是指调查期限，即整个调查工作的时限，包括收集资料及报送资料的整个工作需要的时间。为保证调查资料的及时性，任何统计除了确定调查资料所属时间，还要明确调查工作的期限。为了保证统计资料的及时性，应尽量缩短调查期限。

调查地点是指登记资料的地点，一个完整的调查文件必须明确调查地点。在一般情况下调查单位所在地点和调查地点是一致的。如调查某仓库的物流搬运设备的品种和数量，调查地点就在该仓库。个别、特殊情况也有不一致的。如该仓库某几种搬运设备暂时被借用或调出，但所有权仍在该仓库，登记地点不变。

（五）制订调查的组织实施计划

为保证调查工作顺利进行，必须制订出调查的组织实施计划，主要应包括以下几项内容。

（1）确定调查的组织机构、参加调查的单位和人员。一次调查应有统一的领导机构并吸收有关单位参加，参加调查的人员应严格挑选。

（2）调查前的准备工作主要包括对参加人员的培训、文件资料的印刷、调查方案的传达。对于一些规模大而又缺少经验的统计调查需要进行试点调查，因此，调查组织实施计划还应考虑调查的细节。

除上述内容外，调查组织实施计划中还应包括调查资料的报送方法；调查经费的预算和开支办法；提供或者公布调查成果的时间以及调查工作的规则等。

第三节　统计整理

通过统计调查得来的资料，只是说明每个单位的个别情况，是分散的和不系统的。为了真正认识客观现象发展的具体情况和发展变化规律，必须对大量分散的原始资料进行科学的加工整理，把感性材料上升为理性认识。统计整理是根据统计工作任务的要求，对统计调查所取得的原始资料进行科学的分组、汇总，使其系统化、条理化，得出能够反映现象总体特征的综合性资料，为统计分析做好准备。所以统计整理是实现从个体单位向说明总体数量特征的指标过渡的重要环节。统计资料的整理过程是统计分析的必要前提。如果不进行科学的整理，即使收集来的原始资料十分丰富而全面，也会失去使用价值。

一、统计分组

（一）统计分组的概念和意义

根据物流系统内在的特点和统计研究的任务，对所研究的物流系统的现象，按照一定的标志，划分为不同类型或性质的若干部分，称为统计分组。统计分组的根本任务在于区分现象间本质的差别。通过分组，把总体内不同性质的单位区分开，把性质相同的单位归纳在一个组内。统计分组是统计研究过程的基本方法之一，也是统计整理和统计分析的基础。唯物辩证法提出，任何事物都是矛盾的普遍性和矛盾的特殊性的统一体，事物的这种共性和个性的辩证统一关系是统计资料分组的客观依据。统计分组不是简单的加总和归类，而是理论性很强的科学工作。统计整理得到的统计数字能否准确地反映总体的特征，关键在于统计分组。统计分组是统计整理的中心环节，通过统计分组，可以区别物流活动本质的差异，研究物流活动量的特征；能够揭示物流系统内部的数量特征和数量关系，为制定有效的措施提供科学依据。

（二）统计分组的作用

由于统计分组能够将一个较大范围的同质总体区分为各种小范围的同质的组，因此它有下列三个方面的作用。

1. 划分现象的类型

在物流系统中，客观上存在着多种多样的类型，各种不同的类型又有不同的特点以及不同的发展规律，在数量上也互不相同。为了分别研究这些类型的特点，在整理大量原始资料时，用统计分组把各种不同的类型分开，可以揭示出各组的数量特征和组与组之间的相互关系。因此，统计分组的过程就是区分事物和分析事物的过程。

2. 揭示现象的内部结构

总体内部构成的分组叫作结构分组。把大量的原始资料按照一定的标志分组后，可以计算各种单位数占总体单位总数的比重。从而可以反映总体内部的构成，并进一步可以研究总体内部变化发展的趋势。

3. 分析现象之间的依存关系

各个物流现象之间，乍看起来似乎互不相干，其实在现象之间是相互联系、相互依存的，通过统计分组可以将这种相互依存关系的形式和程度具体地表现出来。

（三）分组标志的选择

以分组为目的而采用的标志叫分组标志。分组标志是分组的依据，故正确地选择分组标志是分组能否取得预想结果的关键。在选择分组标志时，应遵循以下三条原则。

1. 从统计研究的目的和任务出发，选择分组标志

任何一个总体，任何一个统计对象，都有许多标志。由于研究目的的不同，选作分组的标志也不同，所以分组应首先考虑研究的目的和任务。

2. 应选择能反映现象本质的标志

在总体的许多标志中，有的是本质的，有的则是非本质的、次要的。在这些标志中，要选择影响更加密切，最能反映事物的本质特征的标志。

3. 根据现象所处的历史条件来选择分组标志

物流工作和其他社会现象一样，也是随着时间、地点条件的变化而变化。同一分组标志，在过去适用，现在就不一定适用，在这种场合下适用，在另一场合就不一定适用。

（四）分组标志的类型

根据分组标志的特征不同，可分为品质标志分组和数量标志分组。

1. 按品质标志分组

品质标志表示事物质的特征，按品质标志分组就是把存在属性差异的总体单位分成若干组。

按品质标志分组，有些比较简单，有些则比较复杂。

2. 按数量标志分组

数量标志表示事物量的特征。按数量标志分组就是将表现数量差异的总体各单位分成若干组。例如，将某单位的物流人员按年龄分组。

（五）简单分组和复合分组

简单分组是将总体按一个标志进行的分组，它能说明总体某一方面的分组状况和联系，如仓库装备按质量等级来区分。为了对所研究的物流系统有一个全面的了解，往往需要从不同的侧面来反映现象的情况，把对同一总体选择两个或两个以上的标志，分别进行简单分组而形成的分组体系称为平行分组体系。例如，对仓库装备的区分，除了按照质量等级，还可以按货架、叉车、皮带输送机等装备类型来区分。在平行分组体系中的每一个简单的分组都是独立的，各简单分组间的关系为平行的。

复合分组是指对同一总体选择两个或两个以上的分组标志层叠起来进行分组。它是先按一个标志将总体分组，然后把分好的各组按第二标志再在组内分成若干个小组，直至分组完毕。采用这种分组方法，分组标志不宜过多，对同一总体进行多种复合分组，可构成复合分组体系。

二、统计资料汇总

统计资料汇总就是按照统计汇总方案整理表中的分组要求，把符合各组的资料（总体单位或变量数）归纳到备组中去，得出各组和总体的单位总数以及标志值总量。

（一）统计资料汇总的组织形式

统计资料的汇总，一般采用逐级汇总和集中汇总两种不同的组织形式。

逐级汇总，是按照调查的组织系统，由下而上一级一级地进行整理汇总和报送。例如，统计报表资料的整理一般采用这种形式。它的优点是，所用的资料各级可以共享；就地整理汇总，易于发现问题，纠正错误。但这种形式也有汇总的中间环节多、花费的时间长、记录和计算误差多的缺点。

集中汇总，是将各基层报告或专门调查的资料集中在一个地方进行整理。这种形式汇总的优点是，整理汇总的资料一次完成，时间短而且不会增加下级统计人员的工作负担。但也有资料过于集中、审核和汇总工作量较大的缺点。但由于现代电子技术的发展，这种形式的汇总将会变得很便捷。

（二）统计资料汇总的方法

统计资料的汇总可手工进行，也可借助电子计算机进行。手工汇总对于调查资料较少的整理还是很方便的。一般常用的有点线法、过录法和折叠法。

点线法，适用于对总体单位数的汇总，在汇总时，看汇总对象属于哪一组，就在汇总表的相应组内通过一个点或一条线段进行记录，待全部汇总完毕，计算各组内的点或线条的数目，就可得到各组的单位数。一般常用的点线符号为"正"。

过录法，是先将原始资料按分组过录到汇总表上，然后计算出各组的单位数和标志数值。这是目前普遍采用的一种方法，计算的数据较准确，发生的差错也容易查找，但是工作量大，过录的项目一多，差错就易发生。

折叠法，是指将所要汇总的报表（或调查表）的同一栏（行）分别折叠，将需加总的数字依次排列在一条直线上，然后把这些报表（或调查表）上的数字逐一加总，把加总的结果填到汇总用的空白表上。这种方法简单易行，省去过录，但不易查出发生的差错。

电子计算机汇总是从 20 世纪 50 年代开始使用的一项技术，是统计发展史上的一次革命。计算机处理数据包括对原始数据的存储、汇总、分类、检查、计算加工以及表格和图形的输出。将电子计算机技术和数据传输通信系统联系起来，可实现统计传输和汇总的现代化。

三、统计表

（一）统计表的概念

统计表是表现统计资料的一种形式。它是统计资料经过准确汇总后用表格的形式表现的统计整理结果。

统计表有广义和狭义之分。广义的统计表包括各种统计调查表、原始记录表、统计台账、统计计算表和统计分析表等。狭义的统计表则为表现统计整理结果所用的表。统计表是以纵横交叉的线条绘制的一种表格形式，表现统计整理的成果，这种经过整理的数据，使人们对所研究的问题一目了然，便于对比、检查并作进一步的分析。

从形式上看，统计表由总标题、横行标目、纵栏标目和数字资料四部分组成。总标题即为表的名称，用简明扼要文字来说明全表的内容，写在表的上部中央处；横行标目说明总体各组或各单位名称，一般写在表的左边；纵栏标目通常列出统计指标，一般写在表的上方。

从表的内容看，统计表包括主词和宾词两个部分。主词部分是统计表所要说明的对象，即统计表所要研究的总体及其各个组成部分的名称，通常列在表的左边。宾词部分是反映总体特征的统计指标的名称，一般列在表的上方。

（二）统计表的分类

统计表按主词是否分组和分组程度分为简单表、分组表和复合表三种。

1. 简单表

指主词未做任何分组的统计表，即主词是由总体单位的名称或按时间顺序排列的统计表。按总体各单位名称排列的简单表，便于相互比较和分析各单位的活动情况；按时间顺序排列的简单表，可用来分析所研究现象的发展变化的过程。

2. 分组表

指主词栏中的总体按某一标志分成若干个组的统计表。分组表的标志可按品质标志和数量标志进行分组。利用分组表，可以深入研究现象内部的结构情况以及现象之间的相互依存关系。

3. 复合表

是按两个或两个以上的标志分组的统计表。复合表把许多分组标志结合在一起，对于研究现象的特征和规律有更清晰的表现，但分组层次不宜太多。

（三）编制统计表应注意的事项

统计表的编制应遵循科学、实用、简要、美观的原则。在编制统计表时应注意以下几点。

（1）表的内容应力求简明扼要，分组层次不宜过多，一般以 2~3 个指标为好。

（2）统计表的标题应十分明确，能够说明表中的内容。

（3）横行和纵行的各栏目都要按一定的顺序排列，便于进行比较和对照，以显示现象之间的内在联系。

（4）当统计表的栏数过多时，要加以编号使看表和用表方便。

（5）表中数字要填写清楚，必须注明资料的计量单位。

（6）统计表一般为"开口式"，即表的左右两边不画纵线。

四、统计整理的步骤

统计整理是一项细致的、严密的工作，在进行统计整理之前也要制定统计整理方案，即对统计资料进行科学加工整理的设计。统计整理方案的内容通常通过一套综合表式和编制说明表现出来。概括起来统计整理的步骤主要有以下内容。

（1）设计和编制统计资料的汇总方案。

（2）对收集到的统计资料进行审核、检查，主要是检查统计调查得来的原始资料是否符合及时性、准确性和完整性的要求。

（3）对统计调查得来的原始资料进行分组，对已分组的次级资料进行再分组，并对其进行汇总、计算。

（4）对汇总后的资料进行再审核，主要检查汇总过程有无错误和疏漏。

（5）编制和填写统计表。

第四章 物流能力统计分析与评价

统计分析与评价,是指在统计设计、调查和整理的基础上,运用统计特有的方法,对物流活动进行分析研究的过程。运用科学的分析与评价方法对物流能力进行系统的分析研究,才能深入揭示物流系统的内在联系,以认识物流的本质和发展规律。本章介绍物流能力统计主要使用的分析和评价方法,在具体运用过程中可以选择适宜的方法对物流能力进行研究。

第一节 统计分析方法

统计分析方法主要包括相对指标分析方法、平均指数分析方法、时间数列分析方法、变异分析方法等。

一、相对指标分析方法

相对指标是两个有联系的指标对比计算的比率,也叫相对数。它从数量上反映事物在时间、空间、事物本身内部以及不同事物之间的联系程度和对比关系。通过相对指标可以分析现象发展的相对程度,为深入细致地认识事物和进行分析研究提供依据。

(一) 结构相对数分析方法

结构相对数分析是在统计分组基础上,将总体区分为不同性质的各部分,将某个或各个组成部分与总体进行比较,以说明总体内各个部分在总体中所占的比重、比重变化的规律以及各个组成部分对总体影响程度的一种分析方法。其计算公式为

$$结构相对数 = \frac{总体中某个分组数值}{总体全部数值} \times 100\% \qquad (4-1)$$

一种总体可有一种分组，也可以有多种分组，如物流人员这个总体，可按年龄进行分组，也可按学历进行分组，还可按职称进行分组等。正确分组是计算结构相对数的前提。事物的内部结构反映事物的性质，不同的结构表明事物的差异，通过结构分析可以反映总体的类型特征。结构分析主要用于总体的内部构成等方面的分析。

（二）比较相对数分析方法

同一类事物由于所处的空间条件不一样，发展状态也不一样，要了解它们之间的差异程度，就需要将不同空间条件下的同类事物进行对比。比较相对数分析是将同类指标做静态对比，来反映某种现象在同一时间不同空间条件下的差异程度。其计算公式为

$$比较相对数 = \frac{某条件下的某类分组指标数值}{另一条件下的同类分组指标数值} \times 100\% \qquad (4-2)$$

计算比较相对数，用来对比的两个指标必须是同性质的，也就是必须是可比的，否则就无法准确地反映事物在不同空间条件下的差异程度。

比较分析既可用于不同地区、不同单位的比较，也可用于先进和落后地区的比较，还可用于和标准水平与平均水平的比较。比较时以哪个指标作为对比的基础，可以根据研究的目标而定。也就是说，根据研究目的的不同，比较相对数的分子和分母可以相互交换，从不同的出发点说明问题。

（三）强度相对数分析方法

物流工作中的数量对比关系，不仅出现在某一总体内部之间，还出现在有联系的不同事物之间。强度相对数分析就是将两个性质不同但有一定联系的指标数值进行对比的一种分析方法，表明现象的密度、强度和普遍程度。其计算公式为

$$强度相对数 = \frac{某种现象的数值}{另一种有联系的现象的数值} \times 100\% \qquad (4-3)$$

强度相对数的计量单位，由于两个指标的单位不同而采用复合单位。这与其他相对数有所不同，如出入库频率计量单位是"吨/天"。

计算强度相对数，必须从现象的本质方面去寻找它们之间的内在联系，这样，两个指标对比才有意义。此外，在物流保障工作中，某个指标有可能与两个或两个以上的指标有联系，在这种情况下，选择对比指标，就要取决

于统计研究的任务。

（四）动态相对数分析方法

动态相对数分析是把同一现象不同时期的指标数值进行对比，从而说明某一现象发展变化的方向和程度的一种分析方法。其计算公式为

$$动态相对数 = \frac{报告期数值}{基期数值} \times 100\% \qquad (4-4)$$

报告期是指要分析的时期，基期是指用来对比的时期，如要分析研究某一指标当年和上一年的发展变化情况时，上一年就是基期，当年就是报告期；报告期与基期的指标口径必须一致，如果口径不一致，必须将基期的原始口径调整到报告期指标的口径。通常有几种对比形式。

1. 本期与上期对比

如本月与上月，本季与上季，本年与上年对比等。

2. 本期与上年同期对比

如本月与上年同月，本月累计与上年同期累计对比等。

3. 与历史最好时期对比

当现象发展呈波浪曲线时，为避免本期与上期对比时，基期处于较低水平，所得结果背离历史，往往把历史最好时期的水平找出来，把本期与历史最好时期对比，以真实反映本期的发展水平。

（五）计划完成程度分析方法

计划完成程度，是现象在某一段时间内实际完成的数值与计划数值的对比。进行计划完成程度分析，可以准确地说明工作计划完成的程度，为正确评价工作成绩提供依据。其计算公式为

$$计划完成程度 = \frac{实际完成数值}{计划数值} \times 100\% \qquad (4-5)$$

对计划完成程度的分析，要注意指标的可比性，同时还要注意指标本身的特点。如果计划指标是以最低限额制定的，则完成程度越大越好。如果计划指标是以最高限额制定的，则完成程度越低越好。如果计划指标是相对数，一般用实际完成百分点减计划百分点，用增加或减少的百分点来表示计划完成程度。

如果计划指标为零或负数，则不能用实际数与计划数对比，而只能用实

际数减计划数的办法分析。

制订管理计划可以是短期的（月、季、半年、一年），也可以是长期的（三年、五年），因此，计划完成情况的分析也分为短期和长期。由于计划中所规定的指标性质不同，长期计划（如三年计划）可分为两种：一种是水平表示法，另一种是累计表示法。因此，产生了分析长期计划执行情况的水平法和累计法。

1. 水平法

水平法是指在长期计划中，只规定计划期最末一年应达到的水平。现象在计划期内呈递增的趋势时采用这种方法。采用水平法分析长期计划执行情况时，计算提前完成计划的时间是以连续性 12 个月实际完成数达到了计划规定的末年水平的时间，则往后的时间均为提前完成长期计划的时间。

2. 累计法

累计法是指在长期计划（如五年计划）中，规定整个计划期内累计应达到的水平。其计算公式如下：

$$计划完成程度 = \frac{五年计划期内实际累计完成数}{五年计划规定的累计数} \qquad (4-6)$$

利用累计法分析长期计划执行情况时，提前完成计划的时间是从计划的全部时间中减去自计划执行之日起累计至实际完成计划数量的时间，其余时间则为提前完成五年计划的时间。

二、平均指数分析方法

（一）算术平均数

算术平均数的基本形式是总体单位的标志值总量除以总体单位个数，表明每单位平均标志值水平。这里，标志值是单位数量特征的表现，它们是一一对应，同属于一个总体的。

1. 简单算数平均数

根据总体各单位标志值简单加总计算的算术平均数称为简单算术平均数。其公式为

$$\bar{x} = \frac{x_1 + x_2 + \cdots + x_n}{n} = \frac{\sum x}{n} \qquad (4-7)$$

式中：$\bar{x}$——算术平均数；

x_1，x_2，$\cdots$，x_n——总体各单位标志值；

n——总体单位数。

算术平均数的特点是，它决定于所有标志值但又不等同于任何一个标志值，是以平均值来代表一般水平的。简单算术平均数表示每个标志值对于平均数的作用都是相同的。

2. 加权算术平均数

当每个标志值对于平均数所起的作用有大有小，或在频数分布中各标志值的次数不相同时，应用加权算术平均数。在资料经过分组，编制成频数分布时，先将各组的标志值和各标志值的次数相乘，再相加求出标志总量来计算平均水平。其计算公式如下：

$$\overline{x} = \frac{x_1 f_1 + x_2 f_2 + \cdots + x_n f_n}{f_1 + f_2 + \cdots + f_n} = \frac{\sum xf}{\sum f} \tag{4-8}$$

加权算数平均数的大小不但决定于各组标志值，同时还决定于各标志值出现的次数，在总体中哪一个标志值出现的次数多，表示该标志值决定平均数的作用也相对大，标志值出现的次数少，表示该标志值决定平均数的作用也相对小。次数 f 对平均数起着权衡轻重的作用，所以称为权数。在计算平均数的过程中每一个标志都带着一定的权数，所以以称为加权算术平均数。

（二）中位数和众数

1. 中位数

将总体各单位按其标志值大小顺序排列，处在中点位置单位的标志值便是这一数列的中位数。中位数的概念表明，对频数分布数列的总次数进行二等分，位于等分位置的标志值便是这一数列的中位数，小于中位数和大于中位数的次数各占一半。用中位数来代表总体标志值的一般水平，可以避免代表值受数列中极端值的影响，稳定性比较好，有时更有代表性。

在标志值未经分组的情况下，计算中位数的方法是，首先把 n 个单位标志值按大小顺序排列，然后计算中位数所在的位次。

$$中位数的位次 = (n+1) / 2 \tag{4-9}$$

如果总体单位数 n 是奇数，则处中间位次的标志值是唯一确定的，这个位次的标志值就是中位数。

如果总体单位数 n 是偶数，则处中间位次的标志值不是唯一确定的，这个位次的两个标志值的算术平均数就是中位数。如 1、2、3、4、5、6 这 6 个号码，中位数的次数在第 3 和第 4 之间，所以中位数为

$$中位数 = （3 + 4）/2 = 3.5 \qquad (4-10)$$

在将标志值进行组距分组后，首先在频数分布总次数之一半 $\left(\dfrac{\sum f}{2}\right)$ 处，确定中位数所在组的位置，并且假定中位数所在组的标志值是均匀分布的，然后以中位数所在组的次数占全组次数的比重来推算中位数所在位置的标志值。其计算公式有下限公式和上限公式两种。

下限公式为

$$m_e = L_{me} + \frac{\dfrac{\sum f}{2} - S_{me-1}}{f_{me}} \times d_{me} \qquad (4-11)$$

式中：m_e——中位数；

$\quad L_{me}$——中位数组的下限；

$\quad S_{me-1}$——标志值小于中位数所在组下限各组次数之和；

$\quad f_{me}$——中位数组的次数；

$\quad d_{me}$——中位数组的组距。

上限公式为

$$m_e = U_{me} + \frac{\dfrac{\sum f}{2} - S_{me+1}}{f_{me}} \times d_{me} \qquad (4-12)$$

式中：U_{me}——中位数组的上限；

$\quad S_{me+1}$——标志值大于中位数所在组上限各组次数之和。

2. 众数

众数是频数分布中出现次数最多的标志值。它表示总体中最经常、最普遍出现的标志值。

从单项分组的频数分布数列确定众数，只需直接判断哪一组的次数最多，该组的标志值就是众数。

从组距分组的频数分布数列确定众数，首先要根据频数分布中次数最多的组确定众数所在组，然后再按前后相邻两组分布次数之差所占的比重来推算众数值。其计算公式有下限公式和上限公式两种。

下限公式为

$$m_o = L_{mo} + \frac{\Delta_1}{\Delta_1 + \Delta_2} \times d_{mo} \qquad (4-13)$$

式中：m_o——众数；

　　　L_{mo}——众数组的下限；

　　　Δ_1——众数组次数与前一组次数之差；

　　　Δ_2——众数组次数与后一组次数之差；

　　　d_{mo}——众数组的组距。

上限公式为

$$m_o = U_{mo} - \frac{\Delta_1}{\Delta_1 + \Delta_2} \times d_{mo} \qquad (4-14)$$

式中：U_{mo}——众数组的上限。

众数的计算结果与中位数的计算结果接近。

三、时间数列分析方法

（一）时间数列分析的一般问题

事物不是静止不变的，它们时时刻刻都在不断发展变化。物流能力统计不仅要从静态上研究保障现象的数量特征和数量关系，而且要从动态上研究其发展过程、发展趋势及其发展规律。

时间数列就是把反映某现象的同一指标在不同时间上的数值，按时间先后顺序编排所形成的数列。时间数列由两个基本要素组成。一是某现象同一指标所属的时间。时间可长可短，时间的间隔长度可以相等，也可以不等。二是统计指标在一定时间条件下的数值。可见，把时间的动态与相应的指标数值排列在一起，就构成时间数列。时间数列按指标性质不同分为绝对数时间数列、相对数时间数列、平均数时间数列。其中，绝对数时间数列是基本数列，而相对数时间数列和平均数时间数列是派生数列。

绝对数时间数列根据指标值所反映现象的特点不同，又可分为时期数列和时点数列。时期数列中各指标值都反映事物在一段时期内发展过程的总量或绝对水平。其特点如下：①具有可加性。数列中各时间上的指标值相加后可以用来表明更长一段时间现象发展的总量。②指标数值大小随时期长短而变动。时期越长，指标值越大，反之亦然。③时期指标数值的取值一般采用连续登记办法获得。因为时期数列的各项指标值是反映现象在一段时间内发展过程的总量，它必须在这段时间内把所发生的数量一一登记后进行累计。时点数列各指标值都反映事物在某一时刻上所处的状态和水平。其特点如下：①不具有可加性。因为构成时点数列的某一时点的指标值，绝大部分又被统计到另外时点中去了，所以数列中各时点上的同一指标值是不能相加的。②指标数值的大小与时点间隔长短不存在依存关系，因为时点数列的每一指标只表明在某一瞬间上的数量，所以时点间隔长短对指标数量大小不发生直接影响。③时点指标数值的取值一般采用间断登记办法获得。相对数时间数列，是同类相对数指标值，按时间先后顺序排列起来形成的数列，用来反映现象之间相互数量关系的发展过程。平均数时间数列，是同类平均指标数值按时间先后顺序排列起来形成的数列，用来反映现象总体一般水平的发展变动趋势。

时间数列的编制应遵循以下原则：①同一时间数列，时间长短应当统一；②总体范围应当一致；③经济内容应当一致；④计算方法和计量单位应当一致。

（二）发展水平和平均发展水平

1. 发展水平

时间数列中各时间上对应的指标数值称为发展水平。处于时间数列内第一期的指标值，称期初发展水平，以符号 y_1 表示。

处于时间数列内最后一期的指标值，称期末发展水平，以符号 y_n 表示；处于时间数列内第一期指标值和最后一期指标值之间的各期指标值，称中间发展水平，以符号 y_2，y_3，$\cdots$，y_{n-1} 表示。在做动态对比时，作为对比基础时期的指标值，称基期发展水平；所要分析时期的指标值，称报告期或计算期发展水平。随着研究目的的变化，发展水平的这些不同名称也随之改变。发展水平一般是总量指标，但也有用平均指标和相对指标来表示的。

2. 平均发展水平

平均发展水平是将时间数列各期发展水平加总再平均而得到的平均数，习惯称这种平均数为序时平均数（或动态平均数）。由于时间数列有不同形式，所以序时平均数有不同的计算方法。

（1）总量指标时间数列序时平均数的计算。

①由时期数列计算。时期数列中各个指标值具有可加性，所以，可直接用简单算术平均法。将各时期指标数值的总和除以时期数列的项数。时期数

列是按年排列的，计算的结果为年平均数；如按季、月排列，计算的平均数则为季、月平均数。其计算公式为

$$\bar{y} = \frac{y_1 + y_2 + \cdots + y_n}{n} = \frac{\sum y}{n} \qquad (4-15)$$

式中：$\bar{y}$——序时平均数；

y_1，y_2，$\cdots$，y_n——各时期指标数值；

n——时期数列的项数。

②由时点数列计算。时点数列是按月末、季末、年末统计的。不同的统计方法用不同的公式计算序时平均数。一般有下列几种情况。

第一，连续时点数列。如果时点数列资料是逐日登记，而又按顺序排列的，这时的时点数列可以看成是连续时点数列。若时点数列中各指标在同一时间单位内连续统计，然后逐日排列，这时可以用简单算术平均法计算序时平均数，即以时点指标之和除以时点项数。其计算公式为

$$\bar{y} = \frac{\sum y}{n} \qquad (4-16)$$

第二，间断时点数列。对时点数列资料的统计如果是每隔一定时间登记一次，且每次登记的时间间隔相等，这时的时点数列可以看成是连续时点数列。计算序时平均数的一般方法是采用两次平均法。计算时，假定指标值在两个时点之间均匀变动，先求两时点指标值的平均数，再根据这些平均数进行简单算术平均求得序时平均数。其计算公式为

$$y = \frac{\frac{y_1+y_2}{2} + \frac{y_2+y_3}{2} + \cdots + \frac{y_{n-1}+y_n}{2}}{n-1} = \frac{\frac{y_1}{2} + y_2 + \cdots + \frac{y_n}{2}}{n-1} \qquad (4-17)$$

（2）相对指标时间数列序时平均数的计算。

由于相对指标时间数列是由两个有联系的总量指标时间数列相应项对比的结果，因此，不能根据相对指标时间数列直接计算，而是先要分别计算出两个相互联系总量指标时间序列的序时平均数，然后再对比，求出相对指标时间数列的序时平均数。用公式表示为

$$\bar{c} = \bar{a}/\bar{b} \qquad (4-18)$$

式中：$\bar{c}$——相对指标时间数列的序时平均数；

$\bar{a}$——相对指标分子数列的序时平均数；

$\bar{b}$——相对指标分母数列的序时平均数。

（3）平均指标时间数列序时平均数的计算。

平均指标时间数列有静态平均指标时间数列和序时平均指标时间数列两种。

由静态平均指标构成的时间数列求序时平均数的方法，可仿照求相对指标时间数列序时平均数的方法，先分别求分子数列和分母数列的序时平均数，然后，将这两个序时平均数进行对比，即得静态平均指标时间数列的序时平均数。

由序时平均指标构成的时间数列求序时平均数，如果该时间数列的间隔期相等，可直接采用简单算术平均法计算；如果该时间数列的间隔期不相等，则以间隔期为权数，采用加权平均法计算。

（三）增长量和平均增长量

1. 增长量

增长量是时间数列中各报告期发展水平与相比较的基期发展水平之差，反映报告期比基期增加或减少的数量，即增长量 = 报告期发展水平 – 基期发展水平。

根据分析目的而选择比较期的不同，可将增长量分为逐期增长量和累计增长量。

（1）逐期增长量。

逐期增长量即时间数列中各期发展水平与相应前期发展水平之差，说明现象逐期增加或减少的数量。用公式表示为

$$\Delta = y_i - y_{i-1}(i = 1,2,\cdots,n) \qquad (4-19)$$

（2）累计增长量。

累计增长量即时间数列中各期发展水平与某一固定基期发展水平之差，说明现象在一定时期内总的增加或减少的数量。用公式表示为

$$w_i = y_i - y_0(i = 1,2,\cdots,n) \qquad (4-20)$$

在同一时间数列中，各逐期增长量代数和等于相应时期累计增长量。即

$$\sum (y_i - y_{i-1}) = y_n - y_0 \qquad (4-21)$$

（3）年距增长量。

在实际工作中，如果是利用历年各月（季）的资料编制的时间数列，还可以计算年距增长量。计算年距增长量的意义在于，某些现象在发展过程中

含有季节变动，为了消除季节变动的影响，即计算年距增长量。年距增长量的一般公式为

年距增长量 = 报告年某月（季）水平 - 上年同月（季）水平 （4 - 22）

2. 平均增长量

平均增长量是时间数列各逐期增长量的序时平均数，说明现象在一段时间内平均每期增加或减少的数量，一般用简单算术平均法计算。其公式为

$$\bar{\Delta} = \frac{\sum (y_i - y_{i-1})}{n}$$ （4 - 23）

式中：n——逐期增长量的个数。

（四）发展速度和增长速度

1. 发展速度

发展速度是表明现象报告期发展水平为基期发展水平百分之多少的相对数，用来说明报告期发展水平已发展到基期发展水平百分之几。发展速度若大于百分之百（或大于1），则表示为上升速度；若发展速度小于百分之百（或小于I），则表示为下降速度。其计算公式为

$$发展速度 = \frac{报告期发展水平}{基期发展水平} \times 100\%$$ （4 - 24）

在实践中，由于选择的基期不同，发展速度可以分为环比发展速度和定基发展速度两种。

环比发展速度是时间数列中报告期水平与相应前期水平之比。表明某现象相邻两期逐期发展变化的方向和程度。其计算公式为

$$x_i = \frac{y_i}{y_{i-1}} \times 100\% \quad (i = 1, 2, \cdots, n)$$ （4 - 25）

式中：x_i——各期环比发展速度；

y_i——时间数列中各期水平；

y_{i-1}——相应前期水平。

定基发展速度，即时间数列中报告期发展水平与某固定基期发展水平之比。表明某现象在一个较长时间内总的发展变化方向和程度。其计算公式为

$$s_i = \frac{y_i}{y_0} \times 100\%$$ （4 - 26）

式中：s_i——定基发展速度；

y_0——固定基期发展水平。

环比发展速度和定基发展速度所反映的时间长度虽不相同，但它们之间存在着下列数量关系，即同类现象的时间数列，各报告期环比发展速度的连乘积等于相应时期的定基发展速度。一般公式为

$$s_i = \prod x_i \tag{4-27}$$

式中：$\prod$——连乘符号。

2. 增长速度

增长速度是表明现象报告期增长量为基期发展水平百分之多少的相对指标。它是报告期增长量与基期发展水平相比的结果，说明报告期发展水平比基期发展水平增长（或降低）了百分之几。其计算公式为

$$增长速度 = \frac{报告期增长量}{基期发展水平} \times 100\% \tag{4-28}$$

由于研究目的而选择的对比基期不同，增长速度也可分为环比增长速度和定基增长速度，环比增长速度是逐期增长量与相应前期水平之比，反映被研究现象逐期增长或下降的程度。其计算公式为

$$A_i = \frac{y_i - y_{i-1}}{y_{i-1}} \times 100\% \tag{4-29}$$

式中：A_i——环比增长速度。

定基增长速度是累计增长与固定基期发展水平之比。表明被研究现象在较长时期内总的增长或下降程度。其计算公式为

$$B_i = \frac{y_i - y_0}{y_0} \times 100\% \tag{4-30}$$

式中：B_i——定基增长速度。

由于增长速度是增长量与基期发展水平之比，所以，增长速度也可以根据发展速度减 1 求得。

$$环比增长速度 = 环比发展速度 - 1$$
$$定基增长速度 = 定基发展速度 - 1$$

可见，当发展速度大于 1 时，增长速度为正值，表明现象的增长程度；当发展速度小于 1 时，增长速度为负值，表明现象的降低程度。

应用增长速度指标时应注意的问题。

（1）环比增长速度与定基增长速度不能互相推算。环比增长速度连乘或连加不等于定基增长速度。若要换算，则要先将环比增长速度加上 100% 或

1，变为环比发展速度，而后再将各环比发展速度连乘得到定基发展速度，最后将定基发展速度减去100%或1，求得定基增长速度。

（2）增长速度和发展速度所说明的问题不同。增长速度说明某现象报告期发展水平比基期发展水平增长或降低了百分之几或若干倍。发展速度说明某现象报告期发展水平是基期发展水平的百分之几或若干倍。

平均增长速度是某时期各期环比增长速度的序时平均数，表明某现象在一个较长时期内逐期递增或递减的平均程度。

平均增长速度是不能根据各期环比增长速度直接计算的，因为各期环比增长速度不等于总增长速度。所以，计算平均增长速度必须先将总增长速度加上100%或1，变为总发展速度，再用几何平均法计算平均发展速度，并把所得结果减去1，即得平均增长速度。

在计算和运用平均速度指标时应注意的问题。

（1）几何平均法与高次平均法是我国目前计算平均发展速度的基本方法。但两种方法的侧重点不同，前者是从期末水平出发来进行研究；后者则是从各期水平累计总和出发来进行研究。因此，它们的应用条件也不同，同一统计资料，两种方法计算的结果也不相同。所以在计算平均发展速度时要根据研究现象的性质、研究目的来选择合适的方法。

（2）要根据事物发展动态，应用分段平均发展速度补充说明全时期的总平均速度。因为总平均速度，仅能笼统地反映现象在较长时间内逐期平均发展速度的程度，掩盖了这种现象在不同时期的波动状况。

（3）在应用几何平均法计算平均发展速度时，还要注意与环比发展速度结合进行分析。因为几何平均法计算的平均速度只考虑了期末水平和期初水平，中间各期水平无论怎样变化，对平均速度的高低都无影响。如果中间各期水平出现了特殊高低变化，或者期初、期末水平受到特殊因素的影响，就会降低甚至失去平均速度的意义。

（4）注意平均速度指标与原时间数列的发展水平、增长量、平均水平等指标的结合应用，以便对研究现象做出比较确切和全面的认识。

四、变异分析方法

变异是指同一数列中各个指标值间存在的差异。变异指标是度量频率分布离中趋势或分散程度的指标。变异分析即是利用变异指标对同一数列内各指标值间的差异情况进行描述或对不同的数列进行对比分析。

(一) 极差和平均差

1. 极差

极差又称全距。它是总体各单位标志值中最大值与最小值之差，表示标志的变动范围，通常用 R 表示。其计算公式为

$$R = \max\ (x_i)\ - \min\ (x_i) \tag{4-31}$$

极差指标计算简单、意义明了，是测定标志值变动范围的简单方法。但极差受极端值变动影响，不能反映指标值离差的一般水平。

2. 平均差

平均差是总体各单位标志值与其算术平均数的离差绝对值的算术平均数。它是反应各指标值与算术平均数之间的平均差异，以 $A.D.$ 表示。其计算公式为

$$A.D. = \frac{\sum |x - \bar{x}|}{n} \tag{4-32}$$

(二) 方差和标准差

1. 方差

方差和标准差是测度标志值变异的最重要、最常用的指标，方差是总体各单位标志值对算术平均数的离差平方的平均数，以 σ^2 表示。其计算公式为

$$\sigma^2 = \frac{\sum (x - \bar{x})^2}{n} \tag{4-33}$$

方差和平均差相比，同样是根据总体所有的标志值计算离差程度，并且也是以算术平均数为比较标准；所不同的是，方差不是用离差的绝对值，而是以离差的平方计算平均数。通过离差的平方的运算，不但可以消除离差正负项的差别，而且强化了离差的信息，使这个指标更加灵活，在数学性质上有许多明显的优越性。

2. 标准差

标准差是方差的平方根。由于方差是离差平方的平均数，其计量单位是原来单位的平方。标准差是通过对方差开平方的结果，恢复了原来的计量单位，可以反映标志值与算术平均数离差的平均水平，所以标准差也称为均方差。其计算公式为

$$\sigma = \sqrt{\frac{\sum (x - \bar{x})^2}{n}} \qquad\qquad (4-34)$$

一般来说，标准差越大，表明总体平均数的代表性越差，均衡性越差；反之则说明代表性越好，均衡性越好。

3. 标准差系数

标准差与该数列的算术平均数的比值称为标准差系数。其计算公式为

$$V = \frac{\sigma}{\bar{x}} \times 100\% \qquad\qquad (4-35)$$

它是反映总体标志值相对离差程度最常用的指标，通常用来比较不同总体标志值离散程度。标志变异程度大小不仅取决于标志值的离散程度，而且取决于标志值平均水平的高低。因此，对于标志值平均水平不同的数列，就不能直接用标准差来比较，而需要利用标准差系数来进行比较。因为标准差系数用相应的平均数进行对比后，消除了平均水平高低不同的影响。

第二节　统计评价方法

统计评价是利用物流统计建立的指标体系，构建综合评价模型，对物流能力做出明确的评定。目前，评价的方法很多，已经形成了一个比较庞大的体系。

一、主要评价方法

本节对现有评价方法进行了系统梳理和分类，筛选出具有代表性的、最常用的七种主要评价方法，并分析其基本原理，从而为物流能力统计评价方法选取提供理论依据。

（一）评价方法类别划分

评价方法有多种划分标准。按照方法的复杂程度，可分为简单评价方法（如问卷调查法、深度访谈法等）和复杂评价方法（如计算机仿真法、熵权法等）；按照方法的综合程度，可分为单一评价方法和组合评价方法；按照方法的量化程度，可分为定性方法、定量方法和半定性半定量方法；按照方法的主客观程度，可分为基于专家知识的主观评价法、基于统计数据的客观评价

法和基于系统模型的综合评价法。

本节将现有评价方法分为多指标综合评价法、数学方法、经济分析法和指数法，以及基于计算机技术的方法四类。具体如表4-1所示。

表4-1 评价方法类别划分

方法类别		代表性方法
多指标综合评价法		层次分析法、综合评分法、目标决策法、约束法、线性分配法、逻辑选择法、优序法、视图法、专家调查法等
数学方法	数理统计法	聚类分析法、主成分分析法、系数检验法、熵权法、综合关联度法等
	模糊数学法	模糊综合评价法、模糊聚类法、模糊层次评价法、模糊排序法、模糊距离模型法等
	灰色系统法	灰色关联度法、灰色综合法、灰色统计法、灰色层次法、灰色聚类法、灰色评价分配法、灰色局势决策法等
	运筹学法	数据包络分析法、线性规划法、动态规划法、排队论等
	物元分析法	物元神经网络法、模糊灰色法、可拓聚类分析、物元空间法等
经济分析法和指数法		效费比法、投入产出分析法、价值工程法、指数法等
基于计算机技术的方法		仿真评价法、系统动力学法、人工神经网络法、决策支持系统法等

（二）主要评价方法的基本思想

1. 专家调查法

专家调查法也称为德尔菲法（Delphi），主要依靠专家的丰富经验和专业知识，汇集专家群体智慧，从而获取对问题分析判断的一种方法。物流能力统计评价的指标体系覆盖物流全过程，原始信息量极大，涉及的相关因素较多，并且有大量需要定性判断的主观性因素，要科学地设置指标权重，给出科学的评价结论，就需要丰富的领域知识和实践经验，依靠单个或少数评价者的知识和经验往往难以得出正确的或者令人信服的判断，这就需要博采众长，采用专家调查法。

该方法大体上可以分为四个步骤：编制调查问卷、组织专家调查、统计计算调查数据、反馈并修正调查结果，专家调查法步骤如图4-1所示。

图 4-1 专家调查法步骤

2. 层次分析法

层次分析法（AHP），20 世纪 70 年代中期由美国著名的运筹学家 T. L. Saaty（托马斯·塞蒂）提出，是一种层次化、系统化、定性与定量相结合的分析判断方法。该方法在理论上科学合理，在应用上简便易行，是解决多因素复杂系统问题，特别是难以定量描述问题的一种重要方法。经过多年的发展，如今该方法较为成熟，在统计评价领域也经常使用。本书将使用层次分析法确定物流能力统计指标权重，在下文会详细阐述。

3. 模糊综合评价法

模糊综合评价法（FCE），最早由我国著名学者汪培庄教授提出，是建立在模糊数学基础之上的一种评价方法，其运用模糊关系合成的原理，把一些难以量化、边界不清的因素量化为对不同等级的隶属程度，再将不同指标上的隶属程度进行综合，从而得到一个综合性的评价结果。

基本步骤：第一步，建立评价对象的指标体系，即确定因素集。第二步，确定评价对象的等级集。第三步，确定评价因素的权重向量。可以用专家调查法、层次分析法等方法确定权重。第四步，建立模糊关系矩阵。这是关键步骤，专家需要给出每个因素属于每个等级的隶属程度，构造出模糊关系矩阵。第五步，多因素综合评价。将对多个因素对应每个等级的隶属程度，依据各因素的权重进行综合，得出评价结果。第六步，对评价结果进行分析。由于模糊综合评价法的评价结果一般是一个模糊矢量，但评价人员往往想得到的是一个点值，这就需要对评价结果作进一步处理，常用最大隶属度或者加权平均原则求隶属等级位置，并对评价对象进行排序。

该方法是物流能力统计评价常用的一种方法。模糊综合评价法与其他评价方法结合，会极大地扩展其应用范围。

4. 数据包络分析法

数据包络分析法（DEA），最早由美国著名运筹学家 A. Charnes（查恩斯）和 W. W. Cooper（库伯）等于 1978 年提出，是一种系统分析方法。它由数据驱动，主要有网络 DEA、权重约束 DEA、超效率 DEA、模糊 DEA 等评价模型，是处理物流统计评价问题的一种好方法。基本原理主要是通过评价对象的投入产出数据观察值，构建出当前技术条件下的生产前沿面，再将每个评价对象在生产前沿面上进行投影，通过计算决策单元与生产前沿面的偏离程度来得到该评价对象的相对有效性。DEA 模型对物流能力统计评价指标的选择比较敏感，指标选择不当可能会导致完全不同的分析结果。

DEA 最经典的标准模型为 C^2R 模型：

$$E_p = \max \sum_{r=1}^{s} \mu_r y_{rp}$$

$$\text{s. t.} \sum_{r=1}^{s} \omega_i x_{ip} = 1$$

$$\sum_{r=1}^{s} \mu_r y_{rj} - \sum_{r=1}^{s} \omega_i x_{ij} \leqslant 0, j = 1, \cdots, n \qquad (4-36)$$

$$\omega_i, \mu_r \geqslant 0, i = 1, \cdots, m; r = 1, \cdots, s$$

上述模型评价的是第 p 个评价对象的效率 E_p，其中 $(x_{1j}, x_{2j}, \cdots, x_{mj})$，$(y_{1j}, y_{2j}, \cdots, y_{sj})$ 分别表示第 j 个评价对象的投入和产出向量，是已知观察值；$(\mu_1, \mu_2, \cdots, \mu_s)$ 和 $(\omega_1, \omega_2, \cdots, \omega_m)$ 为相对应输出输入因素的权重，是未知变量。

5. 物元分析法

物元分析法，20 世纪 80 年代由我国数学家蔡文教授首次提出，是处理不相容问题的一种方法。基本原理是把事物抽象成"事物、特征、量值"三元组来进行描述，作为事物有序的基本元，即物元，并将各个特征与理想事物进行比较，计算与理想事物的关联度，再通过各个特征的权重值，求得所有特征关联度的加权和，得到一个综合评价值，从而对事物进行排序。

运用步骤：第一步，建立待评价单元的物元矩阵；第二步，利用评价标准建立经典域与节域指标；第三步，确定待评单元属于各等级的关联度；第四步，进行待评价单元等级判定。

6. 主成分分析法

主成分分析法（PCA），最早由具有"统计之父"之称的 K. Pearson（皮尔逊）提出，后来由美国的 H. 霍特林将其推广到随机变量计算。它是一种通过对多维数据进行变量降维而进行评价的方法，是物流能力统计评价的典型方法之一。基本原理就是通过采用统计分析原理和方法，设法将原来多个具有一定关联的指标重新以少数几个互不相关的新综合指标来表示，从而达到降维的目的。

主成分分析法的运用步骤示意如图 4-2 所示。

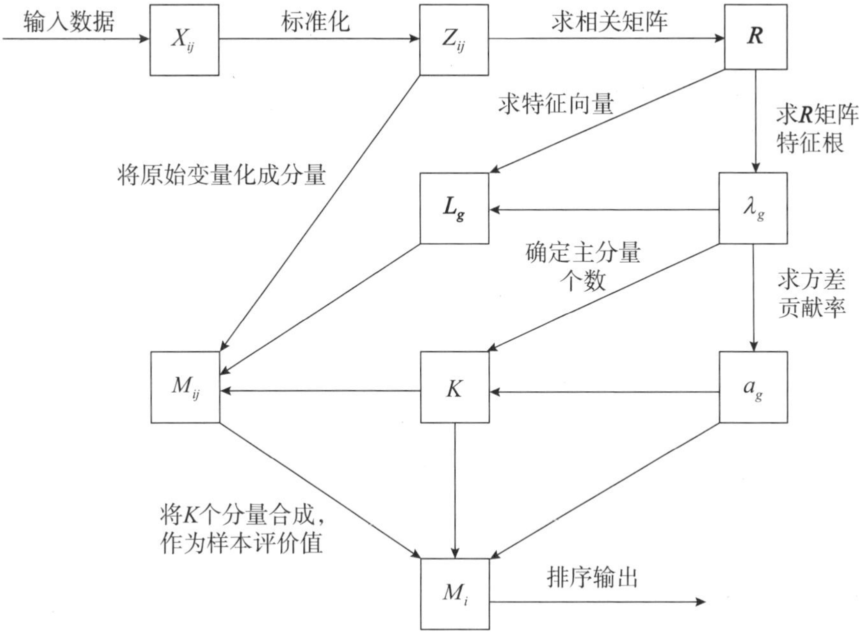

输入数据 → X_{ij} —标准化→ Z_{ij} —求相关矩阵→ R

将原始变量化成分量

求特征向量

求 R 矩阵
特征根

L_g ← λ_g

确定主分量
个数

求方差
贡献率

M_{ij} ← K ← a_g

将 K 个分量合成，
作为样本评价值

M_i —排序输出→

图 4-2　主成分分析法的运用步骤示意

其中，主分量个数 K，是由保留的信息量决定的，当变量个数 P 较多时，维度比较高，会增加对模型的建立、分析和计算的复杂度，因此需要适量地精简。一般来说，保留的信息量至少要达到所有变量信息量的 85%。选择前面 K 个主成分后，后面的 $(P-K)$ 个成分就要被忽略，用这 K 个主成分来进行分析评价。

7. 人工神经网络法

人工神经网络法（ANN）是 20 世纪 80 年代以来人工智能领域兴起的研究热点。通过仿生手段模拟人脑神经系统功能而构建的一种综合评价模型。基本原理是构造多层神经元，通过自学习带标签的历史样本数据，来调节神经元的权重从而建立特定的评价、分类或预测模型。当输入一组样本时，运用人工神经网络计算出一组实际输出，并比较其与输出样本之间的误差，进而修正网络中的连接权值，直到误差值达到设定范围为止。该方法需要人为确定隐含层层数和每层神经元节点数，而且需要大量的训练样本，由于目前缺乏大量的物流活动过程数据，难以建立准确的人工神经网络评价模型，因此，暂时不适用于物流能力统计评价。

运用步骤：第一步，权值初始化；第二步，设定人工神经网络的节点数和隐含层数等参数值；第三步，输入训练样本；第四步，正向传播过程；第五步，反向传播过程；第六步，训练结束。

二、评价方法选择

（一）过程评价方法要求

依据物流能力统计指标体系的基本特点和具体构成，其对评价方法的要求主要有以下几点。

（1）便于得出直观的评价结果。

（2）能够处理评价过程中的模糊因素。

（3）能够体现领域专家的认识和判断，即能够反映出专家偏好信息。

（4）既能反映过程评价指标体系的宏观评价层次，又能反映微观的评价层次，并且能够体现不同层次之间的关系。

（5）能够处理定性指标和定量指标，并能够用定量的方法对定性指标进行分析。

（6）能够综合分析多个指标，并在多个指标存在非合作博弈的不相容关系时，能进行变换得出综合分析结果。

（7）能够在只有少量样本的情况下，得出评价结果。

（8）能够通过评价结果分析，找出物流活动中存在的问题及影响因素，便于有针对性地采取措施。

（二）主要评价方法比较

评价方法各有长短，每种方法都有自己的适用范围。为了更加深入了解各种评价方法的特点，辨清各种评价方法的优劣，以便在物流能力统计评价时选择使用，本书从评价方法基本原理和效用特征两个角度对主要评价方法进行分析比较。

从评价方法基本原理的角度，对主要评价方法进行分析，具体分析比较如表4-2所示。

表 4-2 主要评价方法分析比较

评价方法	优 点	缺 点	适用范围
专家调查法	依靠专家的知识和经验做出判断和评价，能在一定程度上弥补单个专家知识经验不足的缺陷	实施周期较长，耗费人力多，专家不能面对面地进行讨论，所提问题难以得到进一步的解释，最终结果具有一定的主观性，最好与其他方法配合使用	适用于评价对象复杂，依据一个或少数专家判断结果难以令人信服的情形
层次分析法	能综合考虑评价指标中的宏观因素和微观因素，可较好地反映决策者的偏好，将经验转化为定量决策依据	随机性和主观性强；判断矩阵易出现不一致现象	适用于评价指标呈层次结构，并且权重能够反映专家偏好的应用领域，一般与其他方法配合使用
模糊综合评价法	有效集合了定性和定量方法，较好地解决了判断的模糊性和不确定性，克服了单一性缺陷	指标权重确定带有一定的主观性，难以解决指标间的相关性；过程较烦琐，降低了实用性	适用于存在模糊指标、量纲不统一，以及主观性较强时的评价情形
数据包络分析法	结构简单，使用方便，无须参数估计，避免了主观因素影响，运算较简洁，可减少误差	指标个数受限于决策单元个数；只能求出相对费用—效益水平，不能计算其绝对水平	适用于从效费比的角度进行评价、具有多投入、多产出指标的评价情形
物元分析法	能得出综合性的评价结果，分析出哪些因素对评价结果影响较大，便于采取有效措施，及时进行改进	对事物特征相应的量值进行处理时，对其模糊性考虑太少，因此，会影响评价结果的客观性、准确性	适用于解决现实世界中不相容的问题

续　表

评价方法	优　点	缺　点	适用范围
主成分分析法	通过降维简化原指标体系,可解决指标信息重叠;依据主因子贡献率确定指标权重,克服了主观权重缺陷	有可能漏掉方差贡献小的指标或者由于非主要因素所占较多而误将其作为主要因素等;以指标间的线性关系为基础,若是非线性关系可能会导致评价结果偏差;要求大样本量,计算过程较烦琐	适用于具有大量评价对象观察样本值,并且指标权重需要客观确定的情形
人工神经网络法	是一种非线性映射的关系,能以任意精度逼近每一个非线性连续函数,适用于建模;具有并行分布处理能力;经过适当的训练,会具有归纳分析全部数据的能力;具有一定的适应能力并且可以集成操作	网络隐含层的层数和单元数的选择尚无理论上的指导;标准的人工神经网络算法学习速率是固定的,训练需要较长时间;神经网络难以用一些统计规则来进行检验;需要大量的训练样本	适用于具有大量评价对象特征值及结果,即存在大量训练样本的情形

从评价方法效用特征角度,依据德国评价学家赖因哈德等的研究成果,从准确度、容错率、偏差度和灵敏度四个效用特征来对主要评价方法进行分析,具体分析比较如表4-3所示。

表4-3　　　　　　主要评价方法效用特征分析比较

评价方法	效用特征			
	准确度	容错率	偏差度	灵敏度
专家调查法	中	高	高	低
层次分析法	中	高	中	低
模糊综合评价法	中	高	高	低
数据包络分析法	高	低	中	高
物元分析法	高	中	中	低
主成分分析法	中	低	中	高
人工神经网络法	高	中	低	高

　　通过以上对主要评价方法的对比分析可以得出，没有任何一个评价方法是理想完美的，每种方法都各具优势和缺陷，都有一定的适用范围。比如当数据信息充足时，可以选择人工神经网络法、主成分分析法等；当数据信息不够充足时，可以选择专家调查法、模糊综合评价法等。在具体运用过程中，需要根据物流能力统计的具体特点要求，进行有针对性的选择，或者对已有的评价方法进行组合、改进，构建满足评价需要的最优评价模型。物流能力统计评价涉及因素众多，采用单一的评价方法很难满足所有要求，在选择评价方法时，要针对具体物流能力统计工作实际，充分考虑各种不同技术方法之间存在的互补性，尽可能通过组合使用实现评价目的。

第五章　实施物流能力统计的现实基础

"知己知彼，百战不殆"，打仗如此，研究问题亦然。因此，首先要弄清楚新时代下，物流能力统计的研究有哪些新需求。同时，认真梳理分析统计工作现状，找准面临的突出问题，为科学地筹划物流能力统计体系建设指明方向。

第一节　物流能力统计的必要性

适应信息化智能化战争新特点、提升平战决策能力、度量物流能力等，都对物流能力统计体系建立和统计工作开展提出了新的需求。这就要求物流能力统计不断探索能力生成机理，全面统计物流能力基础要素数据，构建统计体系，设计统计指标以及建立统计分析评价模型。

一、适应现代战争特点需要探索物流能力生成机理

物流能力是后勤保障力的重要内容，也是战斗力的重要组成部分。大力提高物流能力，是提高物流建设质量和水平的迫切需要，是推动后勤保障能力提升的重要抓手。未来信息化智能化战争在作战理论、力量结构、装备运用等多个方面呈现出诸多新特点。适应现代战争的新特点，迫切需要积极探求物流能力的发展规律，深入研究物流能力生成机理，提高物流保障打赢信息化智能化战争的能力。只有准确把握物流能力生成规律，准确分析物流能力构成要素，找准物流能力生成动因，清晰描述物流能力生成过程，才能正确认识物流能力统计的主要任务，才能更有效地开展物流能力统计工作，充分发挥物流能力统计对平时管理和战时保障的重要支撑作用。

二、精准辅助平战决策需要全面统计物流能力基础要素数据

无论是平时管理还是战时保障，都离不开物流能力的基础要素数据。在作战和训练中，各级指挥员需要了解掌握物资供应情况，要依据物流基础要素数据制定作战和后勤保障文书；在规划建设物流基地时，各级决策部门也需要清楚现有物流设施的准确数量、质量状况、完好率等全面且翔实的基础数据；在决策储备布局时，各级储备管理部门更需要全面地掌握物资储备的基础数据。目前，对物流能力现状的认识仍处于低层次，仅局限于仓储、交通运输等业务部门统计的一些基础数据，这些数据不完整也不全面，难以获得有价值的信息，难以反映物流能力的真实状况。现有的基础数据不足以满足平时服务建设和战时保障作战行动的需要，这与保障打赢信息化智能化战争的要求相差较远。因此迫切需要全面统计储存、运输、配送、包装、装卸搬运各个环节上的基础数据。只有全面掌握物流能力基础要素数据，才能有效评价物流能力水平，全面反映物流能力现状，真正地为平时科学管理和战时快速决策提供数据支撑。

三、获取高质量数据需要构建物流能力统计体系

物流能力统计是后勤管理部门和作战指挥机构掌握物流能力状况，实现由数据转化为决策能力的重要基础。正确的指挥、管理和决策越来越依赖于准确全面高质量的统计数据，获取高质量的统计数据需要体系完备、顺畅高效的物流统计体系作保障。要以军事需求为牵引，立足实际，研究建立统分结合、规模适度的统计组织体系，为有效开展统计工作提供保证；建立规范的统计标准体系，为统计工作开展提供准绳；建立科学系统的统计指标体系，真实客观地反映物流状况和能力水平；建立与时俱进的统计方法体系，为统计分析和评价提供方法支撑；建立全方位的统计信息体系，依托技术进步提高统计工作综合效益。可见，只有抓紧建立适应现代化后勤建设需要的物流统计体系，才能真正提升由统计数据向精准决策转化的能力，提高保障打赢的能力。

四、度量能力高低需要设计物流能力统计指标体系

现代化后勤建设离不开强有力的物资保障，赢取战争的胜利更需要物流

的支撑。物流保障点多面广，横跨军地，纵连各层级，涉及多业务部门和单位、多种保障资源，相互关系错综复杂。如何从纷繁复杂的保障关系中描述评价物流能力高低，需要将物流能力生成过程指标化，用统计指标体系从多个方面衡量物流保障能力。要紧紧围绕管理、指挥和决策需要，树立从决策需求到统计指标再到科学统计的理念，着眼基础要素能力，设计基础要素能力的统计指标；着眼功能要素能力，设计物流保障各功能环节的能力指标；着眼集成能力，设计流通能力指标、精确保障能力指标、柔性能力指标以及快速响应能力指标。运用多维、全面的统计指标体系，持续不断地统计能力生成实际数据，为量化分析物流能力状况和变化趋势、监测物流系统运行做好数据积累。可见，建设强大的物流能力，迫切需要围绕能力生成规律，着眼影响能力生成的主要因素，设计物流能力统计指标体系。

五、掌握能力全貌需要构建物流能力分析评价模型

物流系统打破了业务部门林立、条块分割的格局，整合优化物资筹措、仓储、运输、配送全流程，这就决定了物流能力是全领域、全要素、全流程资源优化配置、协调运作、共同作用所产生的整体能力。在物流能力统计中，描述性统计分析只能通过图表对单一统计指标按照时间序列进行对比分析，对物流系统某一环节能力变化趋势的数据描述，难以准确清晰地反映物流能力生成的特征和复杂关系、度量物流能力全貌。面对集成优化形成的物流能力，更需要借助于模型分析方法，对物流整体能力进行定量分析。为此，要构建物流能力综合评价模型，准确衡量物流能力高低，科学预测物流能力变化趋势，为指挥、管理和决策提供更精准更有价值的信息。

第二节　物流能力统计的可行性

一、物流理论发展为物流能力统计研究提供了理论支撑

物流理论经过二十多年的创新发展，基本形成了比较成熟的理论体系，为物流能力统计研究奠定了坚实的理论基础。一是运用物流场理论研究物流能力生成。物流场理论提出场强、场势的概念，计量方法以及介质效应，解释了物流能量的变化规律，为物流能力生成分析提供了参考借鉴。二是运用

物流系统理论分析统计对象。物流系统理论中系统构成要素以及运行方式的研究，为准确把握统计对象和统计内容奠定了理论基础。三是运用物流效益背反理论和活性理论支撑统计指标的设计。物流效益背反理论解释了物流服务与物流成本、物流各功能要素之间的辩证关系。在设计统计指标时，要综合考虑、审慎分析，尽可能准确反映物流能力状况。另外，活性理论从解决物流时间矛盾和空间矛盾的角度论证探索了加快物资流动速度的途径和方法，为快速响应等集成能力统计指标设计提供了新思路。

二、新的保障模式为物流能力统计提供了制度保证

新的保障模式厘清了领导和指挥、平时和战时的职能界面，完善了指挥协调、规划计划、供应保障、监督检查等工作机制，理顺了保障各层级、保障各部门、保障各方向的关系，为物流能力统计提供了有力的制度保证。一方面，新的保障模式促进了物流统计体系的建立。新的保障模式下物流资源集中建设、管理，便于统计工作的开展和统计数据的管理，为物流能力统计体系建设扫除了制度障碍。另一方面，借助新的保障模式实现"物流能力态势图"。"物流能力态势图"是物流各功能、各要素统计数据在电子地图上直观且实时动态的展示。新的保障模式按照保障任务的调整划分为多个保障区域，每个保障区域统管这一区域内物资的筹备、储存、供应，便于物流统计数据的调查和收集。通过"物流能力态势图"，能够实时动态展示辖区内各类物流资源的统计数据，并且能够实时分析各部门、各区域乃至全军的物流能力，既有效地解决了物流管理的困境，又促进了物流保障效能的提升。

三、社会物流统计方法的实践应用为物流能力统计提供了参考借鉴

2004 年，国家发展改革委和国家统计局联合印发了《关于组织实施〈社会物流统计制度及核算表式（试行）〉的通知》，建立了社会物流统计核算制度，确立了我国社会物流统计工作由物流部门牵头，统计部门、行业协会联合组织实施的工作模式；明确了国家发展改革委负责协调、国家统计局负责审核、中国物流与采购联合会负责组织实施。社会物流统计报表制度建立十多年来，物流统计工作紧紧围绕国民经济运行和物流发展需要，从无到有逐步发展完善，在社会和国家的影响力不断提高。社会物流统计工作的成功做

法为物流能力统计提供了有价值的参考借鉴。一是借鉴联网直报的统计调查方法。社会物流统计工作通过互联网连接企业和中国物流与采购联合会的中国物流信息中心，实现了企业"一套表"联网直报。物流能力的统计数据大部分来自各业务部门，调查对象数量有限，完全可以采用普查的统计调查方式。依托信息网络，由各专业部门联网直报统计调查表，逐步实现统计调查无纸化、数据采集电子化、传输处理网络化、资料存储集中化。二是借鉴分层抽样的指数计算方法。中国物流业景气指数（LPI）采用了分层抽样的指数计算方法。根据工业、批发和零售业、物流企业对物流业主营业务收入的贡献率，确定各行业的样本数量，然后对样本企业的库存周转次数等 12 个分项指数，以及从业人员等 5 项指数进行统计核算，加权计算出 LPI。LPI 反映物流业经济发展的总体变化情况，以 50% 作为经济扩张与收缩的分界点，高于 50% 时，反映物流业经济扩张；低于 50% 时，反映物流业经济收缩。在统计评价区域物流能力时，可以考虑借鉴这种指数计算方法，筛选出影响区域物流能力生成的关键指标，合成计算区域物流能力指数。三是借鉴定期发布的统计结果应用方法。每年国家发展改革委、国家统计局、中国物流与采购联合会对外联合发布我国物流运行情况，受到社会各界广泛关注，例如物流统计数据反映出的经济运行成本高、效率低的问题，得到了各级政府的高度重视。社会物流能力统计已经成为社会了解物流发展情况的重要窗口，成为国务院、有关部门和各地区制定规划和政策的重要依据，其影响力不断提升。应建立物流能力统计数据的定期发布制度，扩大统计结果的应用范围和影响力，提升物流能力统计的地位和作用。

四、信息化建设成果为物流能力统计提供了应用平台

物流统计工作要借助后勤信息化建设的成果，设计无纸化、自动化、智能化的物流统计分析平台。一是不断积累了基础要素数据。通过各类资产管理信息系统，可以获取并不断更新物流人员、军用物资、物流设施设备等基础数据，为物流基础要素能力指标的统计奠定数据基础。二是链接集成了专业数据。通过各类业务管理信息系统，可以获取采购、仓储、运输、配送各环节的管理数据，为物流功能要素能力指标的统计做好数据积累。三是网络基础日益完善。网络的传输速度不断增快、容量不断扩大、功能不断拓展，为无纸化统计调查、网络化统计数据处理、统计结果实时发布提供了网络基

础条件。四是设施设备信息化水平提高。仓库设施设备自动监控、自动报警、自动测量等技术已经得到普及；二维码、RFID、传感器等物联网技术在物资收发、储存、维护保养、分拣配送等核心业务中得到应用，为物流统计数据的自动化采集提供技术保证。

五、大数据技术的创新发展为物流能力统计提供了新的发展空间

先进的信息技术已在储存储备物资的仓库中推广应用，部分仓库还尝试应用北斗卫星导航定位系统、地理信息系统实现对在运物资的实时监控。信息技术广泛应用的过程中产生了大量的业务数据。比如，自动化立体库房、自动分拣系统在物资验收入库、定期盘点和出库等环节实现自动化和智能化管理控制，实时监测物资状态。同时产生仓储基础数据、仓储作业数据、仓储储存数据、仓储协调控制数据和仓储决策支撑数据。物联网技术支持下的运输活动实现运输路线追踪、物资在途状态控制和自动缴费等功能，同时产生运输基础数据、运输作业数据、运输协调控制数据和运输决策支撑数据等。配送活动在物联网技术的支持下，可以及时获得交通信息、环境信息、部队用户需求信息的变化情况，同时产生大量的作业数据。面对日益增长的数据量，大数据技术有了用武之地，为物流能力统计提供新的发展空间。运用大数据存储管理技术实现大数据的管理，能够扩大统计数据存储手段；借助云计算、并行处理器、互联网技术等计算手段，能够有效提升统计数据的处理计算能力；基于人工智能的大数据挖掘技术与基于统计的数据挖掘技术并用，能够更加精准地分析、评价和预测物流能力，得到加强物流能力建设的科学方案。

第三节　物流能力统计实施中的难题

为实现信息化智能化战争物流精确保障的要求，需要掌握数据、计算数据和运用数据。物流经过几十年的发展，在理论引导和实践推动下，逐步从物资保障各环节的独立运行走向环节间的关联互动，物流体系的基本雏形已经具备。受到制度机制以及技术手段的制约，物流统计指标和方法体系还不完善，影响物流能力建设的质量和速度。

一、统计工作尚未得到充分重视

目前的统计工作远远滞后于物流能力建设，其主要原因是人们对物流统计的重视程度不够，具体表现在以下两方面。一方面，对物流能力统计工作地位作用认识不足。多数人认为物流能力统计工作是简单的数据与表格汇总工作，并没有充分认识到统计结果对平时管理和战时指挥重大决策的参考价值，直接导致物流能力统计工作的开展效果大打折扣；还有人质疑统计数据的真实性和统计方法的科学性，仍坚持用经验判断的传统决策方式，致使统计工作一直处于被动局面。另一方面，对物流能力统计工作的态度不够端正。由于统计工作不是各业务部门的主要任务，而且成本高、耗时长，不容易出业绩，统计质量也缺乏有效约束机制，导致各级负责统计工作的领导和人员认为统计工作是"负担"，以草草了事的敷衍态度完成上级交给的统计任务。

二、统计指标尚未形成体系

当前，与物流直接相关的部门众多，涉及采购、仓储、运输等各业务部门。各业务部门单独设计统计指标，统计工作各自为政，形成众多物流能力统计分支，造成物流能力统计资源的浪费。这些单个统计指标大多以静态总量指标为主，统计的数据是基础性数据甚至是一般数据，统计指标过于简单，统计体系尚处于空白。另外，指标设计具有一定局限性，既缺少反映物流各功能要素能力的单项指标，也缺少反映物流集成能力的综合指标。因此，这些单个类别的统计指标难以全面真实地反映物流能力，难以有效监测物流运行状况，无法用于准确评价物流能力保障水平。

三、统计法规标准不够完善

统计法规标准是统计工作顺畅运行、统计数据准确获取的重要保证。我国早在1983年颁布了《中华人民共和国统计法》，其后不断修订。2010年，颁布了《社会物流统计核算与报表制度》。之后又相继发布了《社会物流统计指标体系》（GB/T 24361—2009）、《物流园区统计指标体系》（GB/T 30337—2013）、《物流景气指数统计指标体系》（GB/T 30336—2013）等一系列国家标准，这些法规标准进一步规范了社会物流统计工作，为各级政府、物流协会、企业科学有效组织物流统计工作、加强控制物流统计数据质量、增强物流统计分析结果可信度提供了制度保证。相比之下，物流能力统计没有统一的领导和组织，缺少配套运行制度的保障，具体表现在以下几个方面：一是统计法规制度零散。物流统计工作法规制度建设一直处于空白。与其相关的法规制度数量不多，规定的内容程序相对烦琐，工作量大、耗费时间多，造成统计数据时效性很差，直接弱化了统计分析结果的参考价值和指导作用。二是统计调查标准不统一。由于没有统一的统计调查内容、要求、流程、方法、标准，造成各业务部门调查表格内容不统一，收集的仓储和运输等物流数据千差万别，综合统计和业务统计之间以及上级统计和下级统计之间的统计数据不能共享共用，更不具有可比性。三是统计指标标准不统一。各业务部门之间统计指标的口径、范围、周期存在很大的差异，造成了同一指标两种统计结果，相关指标不能相互佐证等数据不合理甚至相互矛盾的现象。这给数据的汇总、分类、分析带来极大困难，严重影响了物流统计数据质量，并大大降低了统计数据的使用效率。

四、传统的统计方法落后

采用自下而上逐级填报统计资料的手工作业方法容易造成数据重复采集、系统重复建设和资源不共享、难共享的问题，同时有些单位出于提高工作业绩的考虑，存在人为粉饰数据的现象，难以保证数据的准确性。除此之外，传统的统计调查方法由于统计层级多造成统计数据时效性较差、统计分析技术水平不高。在统计工作中，统计指标大多是以总量指标为主的静态指标，分析处理方法大多是针对单一指标的平均数法、指数法和时间序列法。这些统计分析方法操作较为简单，但只能反映一类指标的静态情况，不能综合反映多指标的动态变化情况，更难以预测未来状态的变化。随着信息技术的发展，统计软件 SPSS 和 SAS 等强大的数据处理功能，不仅集成了单一指标的数据处理方法，而且集成了模糊综合评价法、线性回归分析法、相关性分析法以及因子分析法等多个指标的综合分析方法，应用范围更广，处理分析结果更有参考价值。这些先进的统计软件和数据处理方法可以在物流统计工作中得到广泛应用。

五、统计的专业力量不足

早在 20 世纪 50 年代，国家就形成了国家统计局、派出机构、部门统计机构以及地方统计机构四位一体，统一领导、分级负责的管理体制，编制有专业的统计人员近 10 万名。这支强大的统计专业力量既能持续跟踪掌握国民经济运行情况，又能快速收集国家需要的重大信息，既能统计基础性信息，又能分析经济形势、预测发展前景和潜在危机。目前，统计专业力量不足是制约物流统计工作发展的最大障碍。一是由于统计体制不健全，缺少统一的组织领导，统计工作中被动应付、推诿扯皮的情况时有发生，极易造成统计资源浪费、统计力量使用率低，无法发挥最大功效。二是统计工作均由业务人员兼职，没有编设专职物流统计人员。这些兼职统计人员缺乏物流和统计专业知识的培训，统计专业素质偏低，难以保证统计质量和统计结果的可信度。

第六章　物流能力统计的组织实施

有效开展物流能力统计工作应理论先行，从战略全局出发，结合军事统计工作的实际情况，设计物流能力统计体系的总体架构，科学谋划物流统计体系的实施流程，为开展系统完备、科学规范、运行有效的物流统计工作提供有力支撑。

第一节　物流能力统计的对象和范围

物流能力统计对象是物流能力发挥作用的载体。物流系统是按一定功能要求，由相互关联的节点和节点之间的线路构成的网络体系，物流活动都是在节点和线路上进行的。物流功能要素中，如仓储、包装、装卸搬运、信息处理等，都是在节点上完成的；运输、配送主要是在线路上进行的。所以，按照物流活动进行归集，明确物流能力统计对象主要有两类：一类是物流节点；另一类是物流线路。

一、物流节点

物流节点是军用物资在流通过程中经过的停顿点，连接着物流网络上的线路，也是线路的起点和终点。物流节点是网络的重要构成部分，承担着仓储、包装、装卸搬运、信息处理等物流作业环节的任务，是物流筹措能力、仓储能力、配送能力以及信息处理能力的归集和反映。物流节点主要包括仓库、配送中心、集散分拨中心。

（一）仓库

仓库是储存物资的库房，也是仓储设施、管理机构的统称，主要完成物资储备、供应及管理等保障工作，是物资储备管理的重要组织机构，是完成各项战备任务和进行物资供应的物流基地。仓库主要承担库存物资的储存、保管、收发、中转，库存装备器材的维护、保养、检测和修理以及确保仓库安全的工作。根据仓库具备的功能不同可以分为中央仓库和区域仓库。

一是中央仓库。依托铁路、水路、公路、航空重要运输枢纽建设中央仓库。中央仓库储存全品类物资，对物资完成集装包装，按照任务类型和应急需求将集装物资快速转运，可以承担汽车与汽车、汽车与火车、汽车与轮船、汽车与飞机、火车与轮船等不同运输方式之间的转运任务，形成储备物资的快速接转和供应能力。

二是区域仓库。区域仓库是保障某一地域范围内单位的物资储存和供应。区域仓库按任务需要集装化储存物资，不仅具备物资储存、收发作业基本能力，还要具备对物资二次包装、快速集装单元化、快速拣选配装能力，有一定物资运输配送能力。

（二）配送中心

配送中心主要功能是根据保障任务提供配送服务。利用物流设施和信息系统平台，配送中心对物资进行分类、流通加工、配套，设计配送路线和运输方式，为单位提供个性化的配送服务。

一是基地配送中心。基地配送中心拥有固定的库房、大型的分拣设备、高效的搬运设备，具备对物资拣选、加工、包装、分割、组配等作业能力，为各单位提供适时适地适量的配送服务。

二是野战配送中心。野战配送中心是在作战地域开设的物流节点，编配简易轻便的装卸载设施、包装设备、分拣设备，具备对物资快速拣选、加工、包装、组配的能力。

（三）集散分拨中心

相比配送中心，集散分拨中心服务对象是为数众多的单位。这些单位所需物资存在较大差异，不仅物资性质不同，物资规模也各异。因此，不同单位对物资种类、规格、数量会提出不同要求。为了能够满足配送不同单位的多种物资需求，不仅要拥有储存大量物资的仓库，具备分拣、配送的作业能力，更要具备采购、筹措物资的能力。集散分拨中心充分掌握地方物资供应渠道和资源，应急时能够快速筹措到所需物资，对各单位需要的多种物资进行有效配装，形成经济、合理的货载批量，提高物资供应的效率。集散分拨中心分为以下两类。

一是中央集散分拨中心。依托铁路、水路、公路、航空重要运输枢纽建设中央集散分拨中心。中央集散分拨中心保障区域范围较大，可以采用采购、征用等多种方式筹措物资，实现在全域内集货、理货、运输的功能。

二是区域集散分拨中心。区域集散分拨中心是保障某一地域范围内单位的物资筹措和供应。区域集散分拨中心按照区域内各单位需求筹措物资，按照配送计划将物资进行分装和配装，具备在区域内快速筹措、分拣加工、运输配送的能力。

综上所述，物流节点是筹措能力、仓储能力、配送能力、信息处理能力的载体，物流节点能力的构成基本一致，但由于节点的功能不同，侧重的功能要素能力不同，其发挥的物流能力截然不同。

二、物流线路

节点和线路构成了物流网络，节点将线路连接起来。物流运输能力和配送能力一般表现为线能力，反映了线路的运载能力和通过能力。线能力按照运输方式的不同分为铁路运输、公路运输、水路运输、航空运输、管线运输。

（一）铁路运输

铁路运输是实施物资供应最主要的运输方式。铁路运输主要依靠国家和地方铁路力量实施物资输送。铁路运输军用物资一般使用专用运输通道、专用车辆及特殊管理方式，运送速度快、运送物资量大、受气候影响较小、安全可靠准时、运输费用较低。铁路运输适合在内陆地区运送中长距离、大运量、时间长、可靠性高的物资，是实施大规模、远距离物资运输的主要手段。在没有水路运输条件的地区，几乎所有大批量物资都依靠铁路来进行运送。由于铁路运输途中作业需要一定时间，可能会出现物资滞留时间长的情况，因此，一般不适用于紧急运输。

（二）公路运输

公路运输是利用汽车沿公路输送物资的方式，主要依靠的汽车运输力量有国家交通运输部门直属的汽车运输力量、地方交通运输部门管辖的汽车运输力量以及地方企业的汽车运输力量等。公路运输具有机动灵活、适应性强等特点，可以覆盖 200 公里范围内的干线运输和支线运输，是实施大规模、近距离物资供应的重要手段。当铁路、水路、航空运输方式担负主要运输时，公路运输则担负从起点到终点的短途集散运输。在远离铁路的区域从事干线运输时，如山区及偏僻地区的物资运输，公路运输也发挥着巨大作用。

（三）水路运输

水路运输是利用船舶和其他浮运工具沿水路航线运送物资的运输，分为内河运输、沿海运输和远洋运输。它主要依靠国家和地方的内河、海上运输力量以及军队的船艇运输力量，是近水地区和海外物资保障的重要手段。它具有运输量大、成本低的特点，适合运距长、运量大、时效性要求不太高的重型物资和装备运输。

（四）航空运输

航空运输是利用军用运输机、直升机以及地方航空运输工具，通过空中航线运输物资的方式。主要依靠军队、国家和地方航空公司的运输力量，相比其他运输方式具有时速快，且不受地形条件限制的特点，最适于执行紧急重要且轻型物资的前送任务。特别是在水路、陆路受到阻隔情况下，航空运输是完成紧急物资前送和后送的重要运输方式。

（五）管线运输

管线运输是利用管线输送流体物资的运输方式，依靠输油管线实施。主要是输送燃料油，有时也用于输送水。管线运输的运输量大，损耗小，安全可靠，受地形限制较小，比较适合于担负单向、定点、量大流体状物资的运输，如原油、成品油、天然气、化学品等。

综上所述，运输方式直接决定着物流线能力水平。物流能力更多地反映在多种运输方式的综合运用，取长补短，趋利避害，最大限度提升运输效能。目前，主要以军队自有的运输力量为主，其他运输力量虽然不归军队建设、管理和指挥，但却是完成平时紧急输送任务和战时运力及时补给的重要潜在力量，也要作为物流统计对象。

第二节 物流能力统计的实施过程

一、指导思想

贯彻新时代的军事战略思想，以保障需求为牵引，将统计体系构建与后勤体系转型发展有机衔接，依托后勤信息化建设，学习借鉴政府统计有益经验，着眼长远、统筹规划、打牢基础、积极创新，加快构建以组织体系、标准体系、指标体系、方法体系、信息体系为重点，基础要素能力、功能要素能力、集成能力全覆盖的物流统计体系，形成与未来信息化智能化战争相适应的物流统计服务能力。

二、基本原则

依据构建的指导思想，结合物流统计工作的现状，构建物流能力统计体系，应该遵循以下几点原则。

（一）聚焦作战、注重实效

强化保障信息化智能化战争任务牵引作用，突出"平战结合、作战主导"，促进平时管理和战时保障有机统一，实现物流能力统计向实战聚焦。从提升战时物流综合保障能力出发，紧紧围绕综合保障、精确保障和持久保障，科学确定物流能力统计体系构建的目标任务。同时，立足于后勤体系转型发展的实际，以促进物流能力生成为目标，一个体系一个体系地建、一条标准一条标准地定，实时考察建设中的成效，及时纠正建设中的问题，确保物流能力统计体系建设的方向正确。

（二）统筹规划、重点突破

着眼物资保障中的矛盾和问题，重点统筹好总体需求和主要保障方向建设需求的关系；统筹好服务平时管理与辅助战时决策的关系；统筹好各级统计职能的关系；统筹好后勤信息化建设和物流能力统计信息体系建设的关系。抓住后勤体系转型发展的关键期，与后勤统计建设统一筹划、协调推进。抓住对统计体系建设有全局影响的重要环节、关键领域和核心内容，实施集中攻关。突出关键物资物流能力指标的处理、加工和运用；突出解决数量、质量、时间、空间矛盾的能力，重点设计反映流量、流速的关键指标；突出统计组织体系、统计标准体系、统计指标体系、统计方法体系、统计信息体系的建设。以重点突破、局部跃升推进物流能力统计体系整体发展。

（三）统一领导、分工建设

区分建设层次，分工负责、搞好衔接，使建设方案具有很强的可操作性。进一步理顺各级在物流能力统计体系建设中的职能关系，加快形成统计体系服务平时管理和辅助战时决策的能力。

（四）稳步推进、动态发展

依托后勤信息化建设的平台，找准突破口，稳步推进"五大体系"以及工作流程、运行机制、人才队伍等各项建设，增强物流能力统计体系建设的系统性和有序性。瞄准物流建设和发展的新成就、物流能力的新理论以及统计技术的进步，不断补充、修正以及丰富统计指标、方法、标准体系。用发展的思想认真研究物流能力生成规律，与时俱进地构建物流能力统计体系。

（五）借势借力、资源共享

充分认识社会物流统计发展对物流能力统计体系建设的支撑作用，积极吸纳地方专家学者参与统计体系建设方案的论证，借鉴经验、扬长避短，增强物流能力统计体系建设的科学性。在保密的前提下，进一步加大对国家和社会物流统计数据的开放共享程度，促进军地联合制定统计标准，增强军地物流数据的互用程度，推动军地物流统计数据的一体化管控。进一步完善军地一体的物流统计数据联合调查和分析机制，加快军地物流统计技术标准化、物流统计评价一体化、物流法规统一化建设。

三、物流能力统计的组织机构

统计组织体系建设是物流能力统计体系建设的根本性、长远性问题。只有抓住统计组织体系建设这个重点与核心，才能有效整合统计力量，高效完成物流统计任务。要保证物流能力统计工作顺畅运行，必须构建结构合理、高度权威的组织体系，统一规划协调物流统计工作。物流统计组织体系包括物流统计组织机构、职权职责和管理制度三个方面。

可考虑由全军物流统计中心规划物流统计工作，同时按建制、按区域建设物流统计分中心，对本系统或本管辖区域内的物流统计调查工作及统计数据质量负责，并对本级和所属单位的物流统计工作负责。按照"统一规划，分级负责"的管理体制，搞好顶层设计，明确归口管理部门，避免各部门之间统计数据自成体系，提高统计数据的可衔接性和一致性，保证物流统计工作责任到人、顺畅高效。

四、物流能力统计的实施流程

物流能力统计是一项具有高度集中性的工作。在统一领导下，需要各业务部门、各单位密切协作，相互配合，共同完成。一般来说，物流能力统计的具体实施流程是，制订统计计划与方案→组织统计人员培训→组织统计调查和联网直报→物流统计分中心汇总编辑统计数据→上报全军物流统计中心审核→处理分析统计数据→统计结果上报与发布。

（一）制订统计计划与方案

为了保证物流能力统计工作有组织、有计划地进行，应由全军物流统计中心负责制订统计计划和方案，在计划和方案中要注意以下几点。一是要明确统计组织的设置和领导关系。统计组织的设置和领导关系是开展物流能力统计的体制保障。要在统计计划和方案中明确物流能力统计领导机构、分级负责机构及其主要负责人，明确上下级之间的隶属关系、参加单位、人员分工，做到分工明确、权责清晰、责任到人。二是要明确统计对象和内容。物流统计对象可以是物流节点、物流线路或是物流网络，对应的实体单位是仓库、配送中心、集散分拨中心、铁水公空管运输线等。统计对象不同，统计内容有所差别，统计所涉及的问题和范围的复杂程度也不同。即使对同一统计对象进行统计，统计内容、标准和方式也会有所不同。比如对仓库进行统计，仓库有仓储型的也有中转型的，其能力侧重点有所差别，统计内容也有区别。为了进行科学的统计，必须明确统计对象，确定统计范围和内容。三是要确定统计指标，拟定统计调查表。指标体系是拟定统计调查表的主要依据，其优劣程度直接关系着统计结果的科学性。针对具体统计对象独有的统计内容，仅仅套用标准化的物流能力指标体系是很难进行统计的。因此，要在系统分析统计对象的构成要素与影响因素的基础上，运用调查问卷法、主成分分析法、灰色关联分析法等方法进一步选取确定适用的统计指标体系。按照选取确定的统计指标体系，编制统计调查表，明确统计调查内容的含义、填写方法、有关数据的计算方法、上报程序以及截止时间等要素。

（二）组织统计人员培训

针对具体的物流能力统计任务，要组织参与的统计人员进行集中培训。充分认识统计人员培训的重要性，从统计工作开展的实际需要出发，做到培训内容系统化、培训方式多样化、培训工作制度化，使得统计人员在参与统计工作前都能得到严格、正规、系统的专业培训，减少统计人员兼职带来的不利影响，不断提高统计人员的业务水平。

（三）组织统计调查和联网直报

获取统计数据资料的真实性、完整性、准确性、适用性、及时性，是得到准确统计结果的前提和基础。统计调查和联网直报是收集统计数据资料的过程，组织完善的统计调查和联网直报是获取统计数据资料的保证。统计调查方式一般采用自下而上的层层上报，对于重要保障节点统计可采用向各级物流统计中心联网直接报送的方式。

（四）物流统计分中心汇总编辑统计数据

物流统计分中心汇总本辖区或本系统内采购、仓储、运输、配送的统计数据。所辖范围内涉及统计对象数量有限、统计力量不足，因而可以采取会审汇编的方式，即由物流统计分中心组织所属基层单位统计人员，按规定时间携带统计资料集中在一起互审互编，共同完成统计数据汇总任务。通过物流能力统计资料的会审汇编，不仅能够得到第一手各物流统计分中心物流统计数据，形成各维度"物流能力态势图"，为本级决策部门和管理部门提供数据支撑，而且可以充分发挥各级机构承担的统计工作职能作用，提高统计资料的准确性，保证物流能力统计工作质量。

（五）上报全军物流统计中心审核

全军物流统计中心要对汇总的统计资料进行进一步审核，审核的内容主要包括：一方面要从基础数据的收集和各专业数据之间的衔接，以及最终数据的确定等多个方面对数据质量进行认真审核，确保上报统计数据的客观真实；另一方面由于物流相关数据保密级别较高，在处理分析统计数据之前，要对相关数据的安全性和保密性进行评估判断，以确定各类数据的发布范围和权限。

（六）处理分析统计数据

统计的最终目的是加工整理统计数据得到统计结果，处理分析统计数据是整个物流统计工作的重要阶段，起着承前启后的作用。这项工作可以由全军物流统计中心及各物流统计分中心共同组织力量，对物流能力指标体系的指标量值进行整理汇总，分析物流能力生成各要素内在联系、问题以及发展变化规律，对未来进行预测，形成统计结果，提出统计分析意见。目前，统计处理分析软件技术成熟、操作方便，比如 SPSS 集成数据筛选整理、分析评价、结果展示等多功能模块，能够满足统计数据处理分析的个性需求。技术成熟要兼顾优劣的判断和取舍，必须根据统计结果应用需求、统计对象性质以及统计数据的质量科学选择适用的统计分析方法和模型，尽可能客观地进行统计数据的处理和计算。

（七）统计结果上报与发布

统计结果在限制范围内发布和向决策管理部门上报是宣传展示统计结果、提出统计分析意见的过程。坚持以统计数据作为事实基础，实事求是，如实反映存在的问题。统计结果发布、上报前要经过严格审查，重要数据要报主要领导审定，必须做到数据准确、论据可靠、观点鲜明、论证充分。与发布统计结果相比，上报文件中要提出统计分析意见，在此过程中应注意防止两种偏向：一是离开统计结果空谈阔论，以个别问题代替总体情况；二是只有统计数据的罗列，没有分析判断，上报文件的观点不明确。同时，要严格执行保密规定，认真审核确定统计结果发布、上报的范围和对象，坚决防止统计结果失泄密事件发生。

第三节　物流能力统计的配套机制

运行机制是物流能力统计工作各环节和各要素无缝衔接、密切配合的润滑剂，是提高物流统计工作可操作性和有效性的一系列制度安排。物流能力统计组织体系需要建立与之相配套的统计运行机制，以确保统一规划、分级负责，统计组织管理体制结构合理、关系顺畅。

一、绩效挂钩机制

统计人员充分发挥主观能动性才能胜任物流统计工作。长期以来，各级统计人员都是由业务人员兼职，普遍存在重业务工作轻统计工作的现象，其根本原因是统计工作质量没有成为考核干部或是评价部门业绩的主要指标。因此，必须建立统计绩效挂钩机制。一是实施领导干部问责制。明确各级领导干部在物流统计工作中的职能和责任，将统计工作效果和效率作为考核任用领导干部的重要指标之一。对不作为、推诿懈怠的行为实行"问责制"，对统计造假、弄虚作假的行为实行"一票否决制"。逐步建立全覆盖、可追溯、严问责的防范和惩治统计造假、弄虚造假的责任考核体系。二是实施统计工作量与个人考评挂钩。在个人年终考评、职级晋升考核中，将统计工作量作为重要的加分项目，对在统计工作中被动应付、推诿的行为实行"一票否决制"，坚决不予提拔任用。三是实施统计工作质量与单位考核挂钩。加大统计工作质量在单位考核项目中的比重，利用好考核挂钩机制，坚决制止弄虚作假的行为，促进形成重视统计、诚信统计的良好氛围。最大限度地调动统计人员和单位的积极性、主动性，通过上下各级统计人员和单位的共同努力完成好统计工作，提高统计工作的服务质量和水平。

二、数据共享机制

物流能力统计数据涉及物资、运输、采购各业务部门，以及地方运输力量，必须建立数据共享机制，打破专业之间的信息障碍，统一组织、协调、管理物流统计数据，避免"数出多门"，提高物流统计数据的使用效率。一是建立各级物流统计中心之间数据共享机制。各级物流统计中心之间要建立相互信任、相互协作的关系，制定数据共享的规章制度，在安全使用统计数据的基础上，最大限度实现各级物流统计中心之间数据共享。二是努力实现业务部门之间数据共享。物流能力统计涉及多个业务部门，特别是许多运输数据来源于地方有关部门，需要多方面的数据综合统计。目前，各业务部门信息各自存储，没有统一的信息平台，各信息系统之间难以实现互联与共享，很容易造成"信息孤岛"。为此，要努力建立各业务部门之间的信息共享技术平台，打破各业务部门之间各自为政的局面。从短期来看，可由各级物流统计中心牵头建立信息共享数据平台，建立严格的信息共享流程和保密措施；从长期来看，可将分散在各业务部门的数据统一管理，实现多层次、多部门、多单位的统计数据共享互用。三是考虑与政府和社会统计数据有限度的共享机制。由于物流能力统计数据与国防安全息息相关，保密性高。国家、地方政府和社会可以向军队开放物流资源、运输资源、仓储资源等统计数据，而军队可以通过提高访问权限级别，开放非保密的物流统计数据。

三、定期发布机制

物流能力统计定期发布机制能够促进统计工作不断完善和改进，能够促进公开、透明的统计体系建设，提高物流统计的价值和地位，树立统计工作的权威，为保障能力和作战能力的提升提供高质量的数据支撑。一方面，建立统计数据统一发布机制。全军物流统计中心负责制定统计数据定期发布制度，明确规定发布主体、发布时间、发布范围、发布权限、发布内容，尤其是严格控制发布范围，严格审核发布内容，严格执行保密规定，在做好保密工作的基本前提下完成物流能力统计数据的发布。另一方面，拓展统计数据发布渠道。在发布的形式上，可以通过各类网络平台和新闻报道渠道进行物流能力统计数据发布。

四、应用反馈机制

物流能力统计作用的大小，最终取决于决策者运用统计结果的程度。物流能力统计工作是一个由实践到认识的过程，而统计结果的运用则是由认识到实践的飞跃。这种飞跃关键取决于平时管理部门和作战指挥机构能理性看待统计结果，正确认识统计结果反映的物流能力现状及其不足，有效运用统计结果进行科学决策。能否有效运用统计结果，也是对管理者和决策者实施物资保障科学化管理的检验。一是应用回访机制。统计人员和机构要建立应用回访机制，通过电话和现场调研形式及时了解统计数据的应用需求，及时了解统计结果的应用情况和效果，进一步完善统计指标设计，探究统计结果计算的科学性，改进统计结果展示的方式和手段。二是建议反馈机制。通过网络、电话等便捷方式建立高效的统计结果建议反馈机制。及时汇总整理统计数据与实际不符、统计结果存在质疑等问题，以及改进统计方式和方法、促进科学化统计等建议。逐步促进物流能力统计体系建设，逐步树立统计结果的权威性和科学性，增强统计结果对指挥决策和管理的指导性。三是落实反馈机制。加强反馈问题和建议的落实，制订翔实的落实反馈计划，区分任务、明确责任，逐渐形成以问题为导向的落实反馈机制。

五、安全管理机制

物流能力统计数据全面反映了物资保障能力，很多数据涉密程度较高。要建立严密的统计数据安全管理机制，严防死守泄密行为，为物流能力统计工作提供安全可靠的运行环境。一是做好统计数据保密的宣传工作。统计人员既要完成数据统计工作，也要做好统计数据的保密工作。通过宣传教育，时刻紧绷"泄密就是犯罪"的法律意识，自觉约束自身行为，从思想认识上杜绝任何泄密行为。二是进一步加强统计保密制度建设。保密制度在统计工作中是非常必要的，只有以制度为约束，做到有章可循，数据的保密才能落到实处。要细化保密制度的有关内容，要求各级严格执行统计数据发布程序，明确统计数据的保密范围、重点和措施，实现对统计数据保密工作的程序化、规范化管理。三是做好统计信息的分类管理。非涉密信息根据实际情况在一定范围内进行信息公开；涉密信息要实行分级管理，设置不同用户的访问权限，防止影响战略全局的统计数据泄露。

第七章 物流能力统计指标体系

物流能力统计是以物流能力指标作为统计内容，对物流能力生成进行系统剖析，弄清物流能力的构成，探明其生成过程，找到关键能力及其生成的关键因素，然后建立物流能力指标体系，为定量描述和分析物流能力水平奠定基础。

第一节 物流能力的构成

对物流能力构成进行层层剖析，是研究物流能力生成规律的必要过程，也是构建物流能力统计指标体系的理论依据。

一、构成框架

物流系统是一个横贯物资保障诸多功能环节，纵贯指挥管理机构、物资保障力量、物资保障辅助机构的复杂系统。从静态组成看，物流系统是由物流人员、军用物资、物流设施、物流装备和物流信息五大基础要素构成，它们是物流系统的最基本要素。按照物流功能的不同，物流系统可分为筹措、仓储、运输、配送、信息处理五大主要功能环节，这些功能是指挥、管理、编组和训练等手段作用于基础要素，使基础要素重新排列组合而形成的具备一定结构的作业单元。

本书结合第二章对物流能力概念的界定和系统构成的阐述，将物流能力划分为三个层次，即基础要素能力、功能要素能力和集成能力。第一层基础要素能力。包括物流人员、军用物资、物流设施、物流装备、物流信息五大基础要素所具备的能力。第二层功能要素能力。包括筹措能力、仓储能力、运输能力、配送能力和信息处理能力。第三层集成能力。从物流的本质分析，物流是为了解决物资保障过程中存在的数量、质量、时间和空间四大矛盾。集成能力是物流解决时空矛盾过程中，物流整体能力的综合体现，具体体现为流通能力、精确保障能力、快速响应能力、柔性能力和防护再生能力。

三个层次的诸能力要素相互联系、相互作用，构成了一个多维、联动、开放的物流能力构成体系，如图 7 - 1 所示。

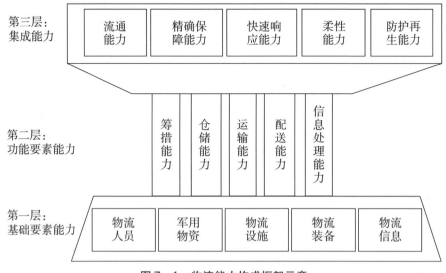

图 7 - 1　物流能力构成框架示意

二、构成特点

物流能力构成既有系统构成的共同特点，又有现代物流能力构成的独特个性。

（一）整体性

整体性是物流能力构成的基本特点。物流能力各个构成要素之间相互联系，并且要素与系统之间的关系以整体为主进行协调，局部服从整体，使整体效果最优。物流能力的三个层次构成一个相互联系、相互依赖和相互作用的整体，通过整合实现物流能力构成的整体最优。

（二）关联性

物流能力各个构成要素具有明显的关联性。各个能力层次之间、要素与要素之间存在着错综复杂的联系，并且相互影响、相互依存。物流保障活动中，各个要素、功能虽然是分散配置，但是通过物流系统构成了一个更加紧密联系的整体。

（三）层次性

物流能力具有多层次的结构。物流能力作为一个整体，各个能力组成部分在能力生成过程中处于不同位置，执行着不同的功能。首先，基础要素能力是其他能力生成的基础和源泉，处于物流能力的微观层次；其次，仓库、配送中心、集散分拨中心、运输队伍物流能力是基础要素按照质的适应性、量的比例性和相互关联进一步结合，形成的功能要素能力，处于物流能力的中观层次；最后，功能要素能力在区域、全域范围内根据保障需要进行组合，形成集成能力，处于物流能力的宏观层次。

（四）动态性

物流能力涉及 3 个层次、15 个要素，系统内部要素会随着需求、供应、储备的变化而不断变化。同时，军事行动的不确定性增加了物流能力结构的不稳定性，尤其是战时，物流保障的随机性更大，这就要求物流能力构成有足够的灵活性和柔性。

三、物流能力的要素构成

物流能力是由基础要素能力、功能要素能力以及集成能力相互作用融合而成，其结构大体分为三个能力层次，每个能力层次由一系列子能力（要素）构成和支撑。

（一）基础要素能力

马克思在《资本论》中论述：生产力是由劳动者、劳动对象和劳动工具三要素构成的，缺一不可。据此分析，物流人员类似于劳动者，是人的因素；军用物资类似于劳动对象；物流设施、物流装备、物流信息类似于劳动工具，都属于物的因素。人的因素和物的因素构成了物流系统的实体，成为能被人们直接感知的物质形态。

1. 物流人员

物流作为一种特殊的活动，人是其中最关键、最活跃的因素。在物流能力生成过程中起到主导作用，构成物流系统的其他要素都要通过人的主观能动性发挥作用。提高物流人员的指挥、管理、操作能力，是提升物流能力，建立精确、快速、高效、可靠的物流系统的根本途径。

2. 物资

不同类的物资由于其形状、理化、功能、管理特征存在差异，在物流各个功能环节的操作方法和实施程序上存在不同。

3. 物流设施

物流设施是空间位置相对固定的物流物质要素，是整个物流系统运作的基础，是提升物流能力的硬件支撑，主要包括基础性设施和功能性设施两大类。物流基础性设施大多是国家投资建设，辐射范围大。主要包括物流网络中的交通枢纽，如全国、省、市（县）公路和铁路交通枢纽、航空和水路枢纽港等，以及物流网络中的线路，如铁路、公路、航空线、输油管线。物流功能性设施是为满足物资保障任务需要的设施。主要包括以储存为主要功能的物流节点，如仓库等，以转运为主要功能的物流节点，如配送中心、集散分拨中心等，以及专用的设施，如军用机场、军用港口等。物流设施构成了物流系统网络结构的节点和线路，决定了整个物流系统的辐射范围和战略地位。

4. 物流装备

物流装备是从事各种物流活动和工作所需的机械、设备和技术器材，是实现军用物资从供应地到需求地的空间和时间转移，并保证军用物资高效、快捷、准确、安全流转和有效监控的重要物质基础，是物流活动的载体。具体包括仓储装备、运输装备、包装装备、维护保养装备等。

5. 物流信息

物流信息是反映物流活动内容的知识、资料、图像、数据和文件的总称，分为内部信息和外部信息。物流内部信息包括物流运输、仓储、配送、装卸搬运和包装等业务信息、物流保障力量信息、军用物资的基础信息等；物流外部信息包括供应商资质信息、国家物资储备管理信息以及需求信息等。它是物流人员对物流保障活动实施干预作用的中间媒介，是物流能力生成的重要因素。

（二）功能要素能力

物资的筹措、仓储、运输、配送、信息处理五大功能，环环相扣、节节相连，形成物流功能要素能力。任何一个功能环节作业能力有短板，都会直接制约物流整体作业能力的发挥和提升。

1. 筹措能力

物资筹措是物流的源头环节，筹措的数量与品种、筹措的方法和渠道、筹措的时机和方式，为物流系统下游诸环节奠定基础，直接影响着整个物流能力的发挥。筹措能力通过采购订货、请领、组织生产等方式，满足建设的需要。筹措能力依赖于国家的动员和经济发展水平，受到供应商关系、筹措方式、物流景气指数、经济发展水平等多方面的影响，主要表现在筹措的数量规模、筹措完成情况、筹措的时间周期等方面。

2. 仓储能力

仓储能力属于物流活动中相对静态的功能，储存的数量和质量、储存方式方法和期限、储存布局和形态，都关系到物流能力的整体质量。仓储能力对整个物流系统中物资的流通量、流通速度的影响重大，成为物流长河中的"水库"和"闸门"，调节军用物资流向与流量。仓储能力主要表现在出入库作业能力、保管能力、仓库服务保障能力以及仓库防卫修复能力等多个方面。

3. 运输能力

现代军事运输体系是由铁路、公路、水路、航空、管道多种运输方式组成的有机整体。物流运输能力是依托军事运输体系实现军用物资快速、高效、安全输送的能力，是克服供应地和需求地之间空间距离的能力。运输能力主要表现在运输潜力、运输服务能力以及交通线抢修防护能力等多个方面。

4. 配送能力

物流配送包括生产企业配送、仓库配送、野战配送中心配送、集散分拨中心配送。配送能力强调面向作战部队需求，主动服务保障；要求保持相当的柔性，以满足部队用户个性化的需求。配送能力集中反映了物资保障最后一公里的物流能力，是对物流整体能力水平最有力的检验，主要表现为集货分拣能力、配送作业能力、配送服务能力等多个方面。

5. 信息处理能力

信息处理能力是借助物流信息技术和物流信息系统获取、传递、处理、利用和控制物流信息的能力。物流系统自身产生各种信息，比如订货信息、仓储管理信息、运输信息、配送信息以及综合系统信息。对这些信息的处理能力，直接影响作战指挥员、管理者以及其他组织管理人员的管理与决策。物流信息处理能力主要表现在获取所需要信息的能力、处理利用信息的能力和传递信息的能力。

（三）集成能力

集成能力是物流整体运作的综合能力，反映了物流系统对物资保障数量、质量、时间、空间的满足程度。数量满足程度可以用流通能力来衡量，质量满足程度可以用精确保障能力和防护再生能力来表达，时间和空间满足程度可以用快速响应能力和柔性能力来描述。

1. 流通能力

流通能力是单位时间内流动的军用物资的最大量，即物流网络能够容通的最大流量。平时，物流系统中各类物资的流量相对比较平稳；战时，军用物资需求激增，能否满足增大的物资需求是由物流流通能力决定的。物流系统的流通能力表现为单位时间（如一昼夜）内节点作业量水平和线运输量水平，这两者最小量是整个物流系统的最大流通能力。流通能力与物流装备的技术水平密切相关，如采用机械化自动化仓库装备代替人工搬运，能够大大提高库内作业的效率，提高物流网络的流通能力。线运输量更是受到运输工具技术性能提高的影响，运载能力越大，运输速度越快，线运输量越大，物流系统的流通能力必将提高。另外，交通线受到阻隔、中断情况下，通过对部分路段实行紧急修复、管制或开辟新通道等有效手段能够迅速恢复和增强流通能力。

2. 精确保障能力

精确保障能力是灵活高效的物流网络按照物资需求在准确的时间和准确的地点，以科学高效的方式提供准确数量和质量物资的能力。精确保障能力的特点是在物流信息系统的连接融合作用下，把物资保障要素、保障单元聚合成一个实时控制、效能集中、精确释放的整体，推动物流系统精确保障部队用户。以信息为主导互通互联、物流保障布局网络化、需求准确预测是实现精确保障能力的主要途径。通常可以用保障任务的差错率、毁损率以及部队用户满意程度衡量物流的精确保障能力。

3. 快速响应能力

快速响应能力是快速观察和判断、快速决策和快速行动的能力。快速响应能力不是以相同的速度或最快的速度供应所有物资，而是根据所需物资的优先次序以最恰当的速度进行保障，为作战部队提供最有效的支援。快速响应能力贯穿物资保障全过程。一是接受任务，制定保障方案阶段。快速响应能力体现在战场物流环境的分析，物资筹措方式选择与整合，物资运输路线的选择与确定，物资保障方案的制定等所需要的时间。二是仓库作业阶段。快速响应能力体现在根据物资保障方案，准备人员、设备、装备的时间能力。特别是，第一批次物资集结的时间能力是物流快速响应能力的重要体现。三是运输阶段。快速响应能力体现在战时急需物资从基地到野战配送中心的运输、中转作业时间最小化的能力，是运输时间、中转作业时间、抗阻隔中断时间之和。快速响应能力高低可以从两个方面进行衡量：一方面要看部队用户从发出物资需求申请到收到物资的等待时间，即部队用户等待时间；另一方面要看保障任务没有按时完成的数量，即订单延迟的数量。

4. 柔性能力

柔性能力是物流系统面对来自内外部的干扰，及时学习，快速调整适应，快速应对的能力，综合反映了物流基础要素以及组织要素在技术、组织运作、预警等多方面应对突发情况的能力。如道路阻隔、中断，节点供应能力不足，需求急剧增加，需求对象变化等突发情况，都需要柔性能力发挥作用。靠前预置、组套集装作业方式能够提高物资活性，物资活性越高，应对需求变化的能力越强；加强航空运输力量、增加路网密度能够提高运输柔性，运输柔性越高，应对道路阻隔、中断等突发情况的能力越强；地方物流经济越发达；替代军队完成保障任务的能力越强，物流柔性能力也随之增强。所以，通常用物资活性、运输柔性以及地方物流发达程度来衡量柔性能力的水平。

5. 防护再生能力

防护再生能力是物流系统自身抵御负面影响或潜在威胁的能力，以及自身受到损伤能够快速修复的能力。物流系统的防护能力表现为伪装能力、警戒能力、防卫打击能力等。发生物流网络中断、交通线损坏甚至断裂、通信线路瘫痪，重要的仓库、配送中心、集散分拨中心受到打击，物资运输途中受损等情况时，如果受损装备、设备、交通线能够快速修复，那么物流网络修复完好率、修复速度是衡量防护再生能力水平的重要指标；如果物流网络不能及时得到修复再生，则防护再生能力表现为物流网络的重构，比如改变运输路线、更换运输方式、寻找替代仓库、开设临时仓库等。物流防护再生能力可以用仓库防护能力和交通线抢修能力来衡量。

第二节　物流能力生成的机理

分析物流能力生成，是在静态条件下对物流能力进行观察所得到的初步认识。物流是一个动态系统，其能力生成也是动态的运动过程。要更深入地认识物流能力，必须进一步研究物流能力的生成机理；要更好地弄清物流能力生成机理，必须在分析物流能力生成动因的基础上，对物流能力的生成过程作出准确剖析。

一、物流能力生成动因

物流能力生成动因是物流能力生成的原理和方式，是引发物流能力由量变向质变转变的根本原因。物流能力生成的动因主要包括需求牵引、信息融合、要素集成、技术推动、训练催生、标准规范以及人才支撑，这些因素是物流能力生成的主要推动力。

（一）需求牵引

满足作战需求是物流能力生成的根本目标，物流能力生成的过程必然受到作战需求的牵引。其作用原理是作战形态的变化产生新的作战需求，作战需求的变化必然引起物流保障规模、结构和方式的一系列改变，进而对物流能力生成提出新的要求。一是作战需求牵引物流保障规模的变化。信息化时代，战争样式向精确可控、快速高效发展，物资消耗速度快且数量大，对物流快速响应能力、精确可靠保障能力以及持续保障能力提出更高的要求，物流保障规模超越军地和国内外界限，呈现出军地一体、国内外一体的物流保障趋势。二是作战需求牵引物流能力要素的变化。作战需求的变化导致军用物资需求结构的变化，从而引起物流装备、物流设施的更新换代。比如，现代战争消耗最多的是弹药、油料以及装备器材等物资，围绕这些物资，物流能力的提高要重点研发集装化装备、立体投送装备、多式联运装备等。三是作战需求牵引物流能力生成方式的变化。在机械化战争时代，物流能力生成主要依靠作战指挥员的指挥、协调、管理、训练等方式。到了信息化智能化战争时代，围绕快速、高效和精确的作战需求，物流物流能力生成转向依靠高科技手段促进各方物流力量、物流资源相互融合、顺畅调控以及充分共享。

（二）信息融合

信息融合是指信息技术成为物流能力生成的"黏合剂"和"倍增器"。随着网络、通信、计算机、传感器等先进技术快速发展和广泛运用，信息获取、处理、运用的手段发生了革命性变化，以物流信息系统为核心的物流能力已经成为基于网络信息体系的联合作战的基础和支撑。依靠先进的信息技术，物流人员、物资、装备、设施等基础要素得到合理配置与运用，信息流整合物质流日趋明显，不仅能够融合系统各层要素形成新的能力，而且能够聚集单元系统整体能力，控制体系能量精确释放，实现物资在各物流保障环节的全程可视可控；依托物流信息系统，通过自适应协同，达到物流保障行动实时调控；通过信息网络的连接和聚合作用，实现作战物资的精确保障。另外，以信息为主导的物流能力要素所占的比重越来越大，各保障单元、保障力量、保障要素都是信息网络上的一个节点，离开物流信息系统的支撑，任何保障资源都将难以发挥其应有效能。可见，通过信息融合，能够将物流能力诸要素有机连接起来，使物流系统各要素结构更加优化，物资保障体系潜在的效能得以发挥，起到提升物流系统整体能力的杠杆作用。同时，在信息的收集、处理、传输、分发、使用上，任何一个环节出现差错都将造成整个能力生成过程的混乱，致使物流能力发挥作用受阻。

（三）要素集成

集成是从英语"integration"翻译过来的，它也可以翻译成"一体化"或者"整体"。通过指挥、管理、训练、编组，集成物流系统的诸多基础要素，使之协调一致、密切配合，实现物流系统一体运作，整体最优。另外，筹措、仓储、运输、配送等物流功能环节分属于不同业务部门，在后勤领域有明显的专业分工，层级管理多、业务流程长，只有按照作战需求，打破专业壁垒、简化保障层次、减少供应环节、优化保障结构，上下衔接、左右相连、前后贯通，才能将功能环节有机结合在一起，从而形成集成化的物流保障模式。值得注意的是，"集成"不是单纯地对所有物流要素的一体化运用，而是建立在专业分工的基础上，充分考虑物资特性的物流综合集成。因此，物流能力生成是在专业化分工基础上各要素的集成，物流系统尽可能由专业化的物流要素组成，这样集成的物流系统才能更优化、更高效。

（四）技术推动

新军事变革首先是科学技术的进步，然后不可逆转地推动武器装备、作战方式、保障方式、军事理论等一系列变革，并对物流能力生成产生巨大推动力。可以说，每一次物流能力生成的飞跃，都是以科学技术进步为原动力。一是科学技术为物流能力生成提供新的物质基础。随着信息技术、网络技术、空间技术以空前的速度迅猛发展，信息能力成为决定战争胜负的核心能力，成为物流能力生成的重要基础要素。只有信息基础要素充分发挥作用，有机串联其他要素，才能满足作战部队快速、高效、精确保障的需求。二是科学技术为物流能力生成提供新的方法手段。物流能力生成的过程是一个信息获取、传输和处理的流程，其生成的效率与信息利用能力密切相关。依靠卫星通信和计算机技术使得信息处理能力成倍提高，大大促进了物流基础要素之间、物流保障单元之间的沟通和联系，加速了相互之间的协调和融合，提高了物流能力生成的效率。三是科学技术为物流能力生成提供了新途径。应用自动识别技术、物联网技术、信息存储和还原技术等先进技术，通过物流信息系统，全面掌握库存物资、在途物资、运载工具以及交通环境的情况，同时通过开发应用统计分析功能，对物流能力指标进行科学量化，综合考核与评价物流能力，促进物流能力生成向精确化方向转变。

（五）训练催生

无论是战斗力生成还是保障力生成，都是人员和装备结合发挥效能和能力的过程。战时，主要依靠打仗提高战斗力和保障力，平时，主要依靠训练提高战斗力和保障力。同样，物流系统需要通过训练促进人员和装备结合生成物流能力。一方面要开展业务技能训练，提升物流保障单元的专业素质能力。当前，信息技术、自动化技术对物流人员的知识和技能提出了新的挑战。只有通过专业训练，提升正确使用各种信息化和自动化装备的能力，才能充分发挥物流能力水平，满足信息化智能化战争的需要。另一方面通过各专业联合训练，提升仓储、包装、装卸、搬运、运输、配送功能要素的集成融合能力，以及军地物流协调合作能力，才能克服物资保障专业分工的局限性，充分发挥物流的整体保障效能。

（六）标准规范

标准是实现物流一体化保障的共同语言，是资源共享的"通用字典"。规范统一的物流标准是提升物流能力水平的"基石"。物流节点遍布不同的区域、部门和专业，物流设施、管理体制、信息系统各不相同，因此，物流能力生成的前提条件，就是在物流节点建立前后协调、相互统一、相互兼容的基础标准、技术标准、信息标准、流程标准以及管理标准。在衔接国家物流建设标准的前提下，明确物流术语、模数尺寸等物流基础标准，优化物资采购与运输、仓储与配送、包装与装卸等物流作业标准，规范物资包装、物资堆码、物资倒垛、维修保养等物流技术标准，制定物流安全、统计和评价等物流管理标准，完善信息采集与传输、处理与服务等物流信息标准，从而形成科学化、精细化、通用化的物流标准体系，以此规范、调节、约束、控制物流能力生成的过程和方式。

（七）人才支撑

美国经济学家索洛和斯旺发现：在一般情况下，资本和劳动对经济增长的贡献率较低，仅为12%，而知识和技术对其贡献率较高，高达87%。可见，经济增长主要依靠技术和知识，技术的创造和革新以及知识的更新运用最终取决于人才的数量、质量和结构。同理，物流是生产物资保障服务的活动，生成物流能力的关键因素之一就是人才的数量、质量和结构与物流建设和发展的匹配程度。努力培养新型高素质的物流人才是物流能力生成和提高的根本举措。相比一般物流人员，高素质的物流人才更有助于推动物流能力生成的速度和效率。一方面，物流人才在岗位上起到模范示范性作用，影响和带动其他人工作的积极性和创造性，从而提高物流各环节运作的速度、质量和准确度；另一方面，物流人才发挥创造力，通过改善物流系统或各功能环节运行的组织结构与形式，改变物流管理模式，提高物流能力生成的效率。随着科学技术发展和装备更新换代，物流的知识密集程度和科技含量越来越高，对物流人才队伍的要求也越来越高。物流人才队伍的素质状况已经成为影响物流能力生成的重要因素。

二、物流能力生成过程

物流能力生成过程是在物流基础要素齐备、结构优化和科学配置的基础上，利用信息的主导和整合作用，依托灵活高效的物流网络，将各层次、各领域的单项物流能力有机融合，形成一体化、集成化物流能力的过程（见图 7-2）。

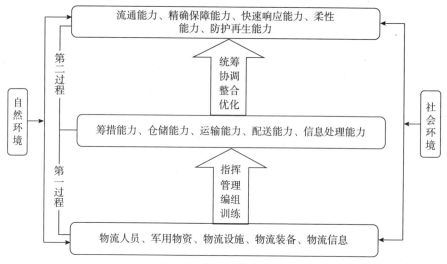

图 7-2　物流能力生成过程

从图 7-2 可以看到，物流能力生成的第一个过程是基础要素能力生成功能要素能力，这是物流资源配置的过程。军事物流基础要素是军队所拥有的物质保障能力，是物流能力生成的基本资源。按照宏观经济学的观点，资源相对于需求来说，具有相对稀缺性的特点。因此，应通过科学的合理配置来解决稀缺的物流资源，即通过指挥、管理、编组、训练等方式把有限的物流资源合理分配到物流各个环节，形成模块化的物流功能要素能力。比如具备仓库管理专业素质的仓库人员和仓库装备设施结合在一起，生成仓储作业能力；具备交通运输专业素质的人员和交通设施及其附属运输装备，以一定关系结合在一起，生成运输能力。各个基础要素之间有机"结合"的主要能动力就是高效的指挥、管理、编组、训练，次要能动力是更高层次的统筹、协调、整合、优化。

具体来说，指挥是按照指挥员的意志组织领导物流基础要素，是对物流资源和力量的主观指导。指挥的目的在于统一各类物流人员的意志，统筹全部物流资源，最大限度地按军事需求生成功能环节作业能力。

管理是对物流系统内的诸要素进行有效计划、组织、决策、协调、控制，以达到功能环节作业能力最大化的过程。主要包括对每一功能环节基础要素的管理，以及对流程、质量、技术、成本等具体项目的管理。

编组是按照保障任务对现有物流构成要素、结构方式及运行机制的组合，既是对功能要素能力的系统构建，又是对其中具体作业环节的优化组合，使每个作业环节、每个保障要素都能密切协调、关系顺畅，产生 $1+1>2$ 的增值效应，提高各功能要素模块的整体作业能力。

要形成各功能环节作业能力，不是将各基础要素进行机械地排列组合，而是根据军事行动的需求，通过训练生成一定的功能要素能力。主要包括单一作业环节的训练和以军事任务为牵引，各作业环节的一体化训练。

物流能力生成的第二个过程是功能要素能力生成集成能力，这是物流将各功能要素集成在一起的过程。从整体上分析问题并加以解决是集成各功能要素的方法论。军事物流是一个开放且复杂的系统，涉及军用物资的筹措、仓储、运输、配送及信息处理等物流环节。只有对物流诸功能要素能力综合集成，才能处理好数量、质量、时间、空间的矛盾，保障战争的最终胜利。从集成能力生成过程来看，指挥、管理、编组和训练发挥基础性作用，同时重点运用统筹、协调、整合、优化的手段达到综合集成的目的，统筹、协调、整合、优化在这一能力生成过程中起到主导作用。

统筹是对各功能环节的作业设施和作业装备建设和发展做出统一规划，合理布局。避免军地通用设施重复建设，避免装备与设施、装备与装备之间不配套、不衔接的问题发生，达到资源统筹规划和优化配置，从物质条件建设上实现综合集成能力的整体跃升。

协调是对参与保障任务的各功能要素力量统一指挥协调，达到行动一致的目的。只有运用统一协调方式，相对独立的功能要素能力才能有机串联、无缝衔接，形成物流一体化的整体作业能力。

整合是打破军地之间、层级之间、部门之间的体制限制，对各种物流能力实现综合调度。这里的整合不是简单的能力抽组使用，而是根据任务需要将各功能要素能力有机结合、取长补短，合力形成物流综合集成能力。

优化是运用物流补给链一体化运作的思想，以提升物流整体运作能力为目的，对各功能环节作业流程和结构进行优化重组，形成系统配套、有机融合的保障流程。优化的重点是突出核心业务，发挥整体优势。

不仅如此，物流能力生成过程还受到社会环境和自然环境的制约。社会环境包括经济发展水平、国家和军队政策法规、科技创新能力、人文环境等。

一是物流能力的生成和提高是以国家经济发展水平为基础的。物流系统所拥有的物质条件，基本上都来源于国家财政。二是国家和军队政策法规是物流能力生成的重要制度保障。比如，《中华人民共和国国防动员法》为战争动员准备和战争期间动用地方物流人力、物力、财力提供法理支撑。三是科学技术是知识形态的物流能力。物流诸要素中渗透着科学技术，科学技术用于研究和创造现代化的物流装备和设施，物流作业效率将全面提高，物流能力也将随之提升。四是人文环境为物流能力生成提供智力支持。人文环境对物流能力生成的影响主要体现在为物流人才培养提供良好的教育条件，为组建高素质的物流人才队伍提供优质的力量来源。

自然环境包括地质环境、地形环境、水文环境以及气象环境等。一方面，物流设施选址受到自然环境的影响。物流设施应尽量避免建设在地表以下存在淤泥层、流沙层、松土层等地质条件较差的地区，同时应远离易泛滥的河川流域、地下水易上溢的区域。物流设施所在地应选择在地势高、地形平坦、地幅开阔、面积与外形适当的地区。此外，还需要充分考虑温度、湿度、风力、降水量、冻土深度、年均蒸发量等气象因素。另一方面，在地质灾害多发地区，军队不仅担负着平时保障任务，还要经常执行应对突发事件的非战争军事行动，这就要求具备"平时服务、急时应急、战时应战"的物流能力。在多样化军事任务的牵引下，军队必然要加大救灾物资的储存，增加物流设施设备的投入，加强紧急收发作业训练。

第三节　物流能力统计指标体系框架

统计指标体系是实施物流能力统计的基本依据，也是物流能力统计体系建设的核心内容。只有建立起科学合理的统计指标体系，物流统计工作才具备必要的实践条件。

一、物流能力统计指标概述

要科学合理地设计统计指标体系，首先要正确认识统计指标，这是构建物流能力统计指标体系的前提和基础。

物流能力统计指标是对物流能力的数量抽象，是根据物流能力生成要素、生成机理、生成目标，逐级分解成能够反映统计对象在某一方面的本质特征的具体的、可测度的指标，具有概括性和抽象性的特点。能够真实反映物流能力水平。比如，仓库吞吐量、出入库频率、周转速度、昼夜最大收发量等统计指标可以反映仓库收发作业能力；运量、运输速度、运载率等统计指标可以反映公路运输能力等。一个完整的统计指标由两个部分组成：一是指标名称；二是指标数值。指标名称规定了物流能力本质的特性，体现了指标具体含义和指标规定的范围，如库房数量、库房库容量。指标数值是物流能力指标的数量规定，表现为一定时间点或一段时期在特定环境下某一能力指标的总量，由数值、计量单位和计量方法三个部分构成。如库房 70 栋、库房容量 4000 立方米，其中"70 栋"和"4000 立方米"就是指标数值。它是根据能力指标内容，按照规定的计量方法计算出来的。

二、物流能力统计指标的描述方法

统计指标的描述方法是量化统计指标数值的一个尺度。统计指标的描述方法多种多样，物流能力统计指标体系建立过程中，使用不同的方法，统计指标数值和数量关系表达就不同。具体来说，本书物流能力统计指标的描述方法主要包括总量指标、相对指标和平均指标三种方法。

1. 总量指标

总量指标是统计工作常用的基础指标，是反映在一定时间和空间条件下的规模和总量的统计指标计算方法。总量指标的计算不仅是简单的汇总相加，而且要根据统计目标需要，合理界定统计指标含义和范围，从而计算出真实反映物流能力的规模和总量的数量关系。同时，要保持统计指标名称、内涵、口径和单位的一致性。

2. 相对指标

相对指标表现为两个数量指标的比例形式。相对指标方法的使用，可以使无法直接测算总量的统计指标找出共同比较的基础，反映物流能力的特殊状态。相对指标的表现形式通常为百分数、千分数等非名数形式。根据不同的统计内容和任务，统计对比的基础也不一致，从而产生各种形式的相对指标。一般来说，相对指标方法包括计划完成相对指标、结构相对指标、比较相对指标、强度相对指标和动态相对指标等，反映物流能力不同的结构、速度、比率等关系。针对不同统计内容，相对指标方法（见表 7－1）使用时，有时不只选取其中一种方法，而是多种相对指标相结合加以计算。一种相对关系反映了一种问题，若要全面反映物流能力，往往需要结合多种相对关系加以表示。另外，相对指标和总量指标结合使用，可以综合分析物流能力的相对程度和绝对差距。

表 7 – 1   相对指标方法

相对指标方法	表达式
计划完成相对指标（%）	计划完成相对指标＝实际完成数÷计划任务数×100%
结构相对指标（%）	结构相对指标＝各组（或部分）数量÷总体总量×100%
比较相对指标（%）	比较相对指标＝甲单位、部门或组的某项指标值÷乙单位、部门或组的某项指标值×100%
强度相对指标（%）	强度相对指标＝某一工作的总量指标÷另一有联系工作的总量指标×100%
动态相对指标（%）	动态相对指标＝某一工作的报告期水平÷同一工作的基期水平×100%

3. 平均指标

平均指标是用来反映一定历史条件下物流能力一般水平的常用方法。首先，平均指标方法可以表现单位总体变量分布的几种趋势，反映物流能力在一定空间、时间和环境下的规律性；其次，还可以表现不同统计对象的不同发展水平，反映不同单位和部门在工作水平和工作效果的差距；最后，平均指标方法可以表现不同时间范围内同一单位或部门的差距，从而通过变化过程，反映物流能力的变化趋势等。平均指标选取不同的计算方法，其得出的数据也不相同。应将各种平均指标计算方法结合使用，总量指标、相对指标合理选用计算方法，得出符合统计目标任务的统计数据。

三、物流能力统计指标的选取条件及其方法

统计指标体系是由若干个单项统计指标组成的有机整体，应全面、合理、科学、实用地描述各个方面的物流能力。为此，建立的物流能力统计指标体系是一个指标库，由于统计对象和统计内容的不同，决定了考虑的指标因素以及指标使用的方法有所差别。在运用统计指标进行分析评价的时候，按照统计分析评价的具体目标，根据统计对象差异的特性，从指标

库中选取有代表性的物流能力指标，形成具有较强针对性的统计分析评价指标体系。在力求统计指标全面的同时，要对指标进行筛选、聚类、合并，力求做到全面而又重点突出地考虑可能影响统计评价分析结果的各种因素。选取指标的方法大致分为定性和定量两类方法，定性选取的方法主要有调查问卷法，定量选取的方法主要有主成分分析法、区分度分析法、灰色关联分析法。

（一）调查问卷法

调查问卷法是根据统计对象、统计内容的特点以及统计目标，从统计指标库内抽取一定数量的统计指标，再制作成调查问卷，让专家们判断指标的可行性和重要性，得到调查问卷结果后，把各种意见经过综合、归纳和整理再反馈给专家。在此基础上，召开专家会议，相互交换意见，选取确定具有较强针对性的统计指标体系。运用这种方法的关键是调查问卷的设计和专家的选聘。一是调查问卷的设计要注重实效。调查问卷反映了统计指标的设计者对指标研究的认识程度。在设计时，既要实事求是地反映调查的内容，又要调动专家研究指标的积极性和兴趣，充分利用专家的知识拓展研究的深度和广度。二是专家组的选聘应具有合理的知识结构。专家组的知识结构既要具备物流专业理论知识，又要具备与统计对象相关的实践经验，还要对信息论、数据挖掘技术、统计学相关知识有所涉猎。专家组不仅包括物流领域、统计学或数据挖掘领域的科研专家，还包括部队战勤部门、仓库业务部门的专家。在分散调查阶段，专家组的人数可以控制在 15 人左右；在集中讨论阶段，可以从 15 人的专家组中选出更具代表性的专家，在参加第二轮讨论后确定最终的统计指标，人数一般控制在 6～7 人。

调查问卷法的显著特点是将德尔菲法和专家会议法的优势互补，通过先分散调查再集中讨论的方式把专家们的意见集中在重要指标上。分散调查阶段可以参照德尔菲法的步骤，每位专家在此阶段都可以不受外界干扰，完全按照自己的知识和经验判断统计指标，充分利用个人知识，最大限度地发挥个人的创造能力。集中讨论阶段可以借鉴专家会议法的经验，这样做可以弥补分散调查时个人能力的不足，避免专家知识面、知识深度和研究资料的片面性。这种方法特别适用于确定无法量化或不具有可比性的统计指标，也可以配合定量方法一起确定选取的统计指标。

（二）定量选取法

定量选取法有主成分分析法、区分度分析法、灰色关联分析法，这些方法的优缺点明显，适用于不同的条件和场合（见表7-2）。

表7-2 三种定量分析法优劣比较

主要方法	基本原理	优点	缺点
主成分分析法	根据指标间的关联关系，从诸多指标中筛选出具有代表性的关键指标，用关键指标集中反映原来指标大部分信息（信息量≥85%）。筛选出来的指标相互独立，没有交叉信息	1. 利用降维技术将包含大部分信息的重要指标代替多个指标； 2. 侧重于研究信息贡献影响力大的指标研究	1. 操作比较烦琐； 2. 在指标筛选过程中，越往后被筛减的指标，就越割裂了与系统整体的联系
区分度分析法	通过计算指标之间的条件广义方差，判别指标之间差异程度，区分度越大，说明指标的特性越大，越具有代表性。例如，求 X_i 对 $X_{(2)}$ 的条件广义方差，它表示已知 $X_{(2)}$ 后对 X_i 的变化情况，若变化很小，那么认为 X_i 反映的内容在剩余指标 $X_{(2)}$ 都能得到反映，那么就可以删除 X_i	1. 计算原理简单； 2. 一般所选择的评价指标都介于独立性和线性相关之间，可以用广义方差来反映各个指标之间的相关性	1. 需要大量的样本数据； 2. 删除的指标是主观决定的，当待删除的指标数值非常相近时，不利于做出选择
灰色关联分析法	考虑与总体目标的关系确定参考指标，用平均值算出比较指标和参考指标的关联度。根据关联度大小进行排序，关联度越大，比较指标和参考指标关系越密切	1. 计算量小，应用方便； 2. 适用于数据资料少，难以找出统计规律、无法判定样本数据的概率分布	1. 考虑与总体目标的关系选取重要参考指标，受到主观因素的影响； 2. 无法保证指标体系中各指标相互独立； 3. 相对于关联度小或无关联度的指标，这种方法会失效

这些指标的确定方法存在自身的局限性，有些实际操作难度大，对样本数据的要求高。通常情况下，进行统计分析和评价时，要组合或是分阶段应用几种指标选取方法。通常，按照统计分析和评价目标，第一步可以运用调查问卷法对大量繁杂的指标库进行初步筛选，第二步再用定量选取方法进行重要指标和优势指标的筛选。

具体来说，由于物流能力统计指标体系是从系统的角度对不同层次的能力进行指标设计，指标数量多，并具有不同特性和要求。如物流人员期末数量、仓库面积、采购网点数量、配送中心数量等静态指标，几乎没有关联性，一般采用调查问卷的方法就能合理地选取指标；如出入库率、仓库设备利用率、仓库面积利用率、昼夜最大收发作业量等，期望它们的取值越大越好，属于极大值指标，这些指标关联度较高，可以采取调查问卷和灰色关联分析方法相结合进行确定；如运输速度、运输线路密度等指标，取值既不期望越大越好，也不期望越小越好，而是应该在一定区间内，可以采取主成分分析方法选取指标。

四、物流能力统计指标体系框架

物流能力生成涉及诸多要素和诸多环节，每个指标只能反映物流能力生成中的一个方面的特征，若要反映仓库或是区域整体物流能力，就要设计一系列统计指标。因此，建立物流能力统计指标体系，要按照物流能力生成的特征和规律，首先设置最高层次的一级指标；其次对每个一级指标进行分析，设置下一层次的统计指标，即中间层次的统计指标。这一步需要反复进行，直到各层次的能力指标充分细化，形成具有层次性和结构性的统计指标体系。

根据物流能力生成理论，物流能力统计指标体系分为三层，第一层次是指标类别。这一指标层区分了各项指标的总体属性和类别，可以分为基础要素能力指标、功能要素能力指标、集成能力指标。

第二层次是一级指标。在对指标类别细化的基础上，基础要素能力指标分为物流人员实力指标、物资实力指标、物流设施实力指标、物流装备实力指标、物流信息实力指标；功能要素能力指标分为筹措能力指标、仓储能力指标、运输能力指标、配送能力指标、信息处理能力指标；集成能力指标分为流通能力指标、精确保障能力指标、快速响应能力指标、柔性能力指标、防护再生能力指标。

第三层次是二级指标。每个一级指标下设置有多个二级指标，分别从不同方面详细而全面地反映物流基础要素的数量规模、结构、比重，反映物流主要功能环节的能力和效率，以及物流能力整体水平。

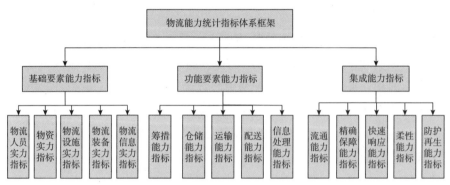

图7-3　物流能力统计指标体系框架

按照物流能力统计指标体系框架（见图7-3）进一步设计具体指标内容，构建形成物流能力统计指标库。在具体应用统计指标进行分析评价时，应遵循统计分析评价的具体目标，充分考虑统计对象差异的特性，从指标库中选取有代表性的物流能力指标，形成具有较强针对性的统计分析评价指标体系。一般来说，基础要素能力指标和功能要素能力指标适用于物流节点和线路的统计分析，集成能力指标适用于全域和区域的物流统计分析。

第八章 物流能力统计指标具体内容及释义

在确立物流能力统计指标体系总体框架的基础上，需要进一步界定指标名称、明确指标计算公式和指标运用范围，并对各个统计指标的概念、含义以及所反映的问题作出具体规定，以达到切实可行、满足实际操作的需要。

第一节 基础要素能力指标

基础要素能力指标描述了物流能力生成的物质条件，包含物流人员实力指标、物资实力指标、物流设施实力指标、物流装备实力指标、物流信息实力指标等。

一、物流人员实力指标

物流人员是生成物流能力的主体，一般按照岗位性质划分为管理人员和操作人员。其中，操作人员是物流人员的主体，是物资保障的主要力量。物流人员具有良好的管理素质和物流专业技术，有利于提高物流运行效率，提高物资保障的可靠性。

由于物流保障中的线路运输主要依靠国家和社会运输力量，人员众多，所以对物流人员实力进行统计时，主要以仓库人员为主，从事运输人员不作为统计对象。物流人员主要分为以下几类：①仓库管理人员；②仓库操作人员（如保管员、统计员、检修工、自动化操作员、资料员等）；③负责仓库工作的合同制职工和临时工等。物流人员实力指标主要有结构状况、专业素质、训练状况等指标，如图8-1所示。

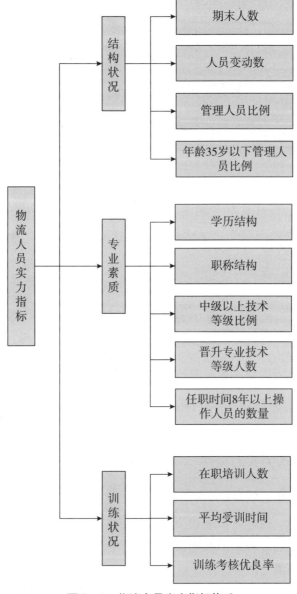

图 8-1 物流人员实力指标体系

（一）结构状况指标

这类指标是反映物流人员总体构成的指标体系，它可以反映从事物流工作的人员数量、年龄结构、编制结构以及人员流动变化等方面的情况。

1. 期末人数

期末人数是指报告期末从事物流工作的全部人员，此项指标是对现有的物流人员进行统计，说明实际情况。即无论是编制内还是编制外、出勤还是未出勤、是否临时借调外单位等，只要是属于仓库的人员，就应该作为物流人员进行统计。期末人数指标有利于控制人员规模、调控人员配置比例关系。统计时，可按照管理人员、操作人员、职工和临时工进行分类统计。

2. 人员变动数

人员如果经常发生变动，就会对物流能力生成有直接的影响，因此应及时掌握人员的变动情况，以便合理分配和使用劳动力。通常，可计算报告期内增加人数、减少人数以及增减比重等指标来反映人员的变动状况及程度。

$$人数增加比重 = \frac{报告期内增加人数}{期初人数} \times 100\% \qquad (8-1)$$

$$人数减少比重 = \frac{报告期内减少人数}{期初人数} \times 100\% \qquad (8-2)$$

$$人数增减比重 = \frac{|期末人数 - 期初人数|}{期初人数} \times 100\% \qquad (8-3)$$

3. 管理人员比例

管理人员比例是专门对在一线从事物流工作的管理人员结构进行统计的指标。管理人员承担着仓库平时建设管理任务和战时保障指挥任务，是仓库物流活动指挥管理的神经中枢，是物流能力形成的重要智力支撑。因此，保持管理人员合理的比例结构，掌握管理人员人数的增减变动，可以合理反映物流指挥管理型人才的储备和使用情况，预测管理人员队伍的发展趋势。可用报告期末管理人员（业务干部）人数占期末人数比重计算得出。

$$管理人员比例 = \frac{报告期末业务干部人数}{期末人数} \times 100\% \qquad (8-4)$$

4. 年龄35岁以下管理人员比例

35岁以下的管理人员一般具有旺盛的精力和健全的体魄，思维敏捷，对新思想、新技术、新方法勇于尝试，能够胜任紧张而艰巨的任务，是仓库建设和发展的后备力量，是保持物流蓬勃发展势头的主力军。因此，统计年龄35岁以下管理人员人数，可以及时掌握年轻干部的变动状况。

$$年龄35岁以下管理人员比例 = \frac{报告期末年龄在35岁以下业务干部人数}{报告期末业务干部人数} \times 100\%$$

$$(8-5)$$

（二）专业素质指标

物流人员素质的高低是影响物流能力强弱的关键因素，直接决定着物流综合保障水平，对物流能力的可持续发展起着决定性的作用。专业素质指标是全面反映物流队伍专业技术水平的一系列统计指标体系，主要包括学历结构、职称结构、中级以上技术等级比例、晋升专业技术等级人数、任职时间 8年以上操作人员的数量等指标。

1. 学历结构

学历结构是指报告期内接受国民教育的程度，依次分别统计研究生教育、高等教育、中等教育、初等教育层次人员数量及各教育层次人数占期末人数的比重。

$$学历结构 = \frac{报告期内不同教育层次人数}{期末人数} \times 100\% \qquad (8-6)$$

2. 职称结构

职称结构是指报告期内取得不同专业技术等级的人员比重。按照管理人员取得助理工程师、工程师和高级工程师专业技术等级人员数量进行分类统计；操作人员取得《职业技能鉴定》初级、中级、高级技术等级的人员数量进行分类统计。这一指标重点反映了物流操作人员队伍的专业技术能力，依次分别统计不同职称等级人员数量或是各职称等级人数占期末人数的比重。

$$职称结构 = \frac{报告期内不同职称等级人数}{期末人数} \times 100\% \qquad (8-7)$$

3. 中级以上技术等级比例

中级以上技术等级比例是指报告期内管理人员取得工程师以上专业技术等级；操作人员取得中级以上技术等级的人员数量所占的比重。

$$中级以上技术等级比例 = \frac{报告期内中级以上技术等级人数}{期末人数} \times 100\%$$

$$(8-8)$$

4. 晋升专业技术等级人数

晋升专业技术等级人数是指报告期内管理人员和操作人员晋升上一级别专业技术职务等级的人员数量。

5. 任职时间 8 年以上操作人员的数量

这一指标不考虑学历、职称等因素，专门描述操作人员从事专业技术的熟练程度。主要统计报告期内操作人员任专业技术岗位 8 年以上的人员数量。

（三）训练状况指标

训练状况指标是对物流人员训练的规模及效果的综合反映，集中体现了管理人员和操作人员的受训情况，主要指标包括在职培训人数、平均受训时间和训练考核优良率等指标。

1. 在职培训人数

在职培训人数是指报告期内管理人员参加任职培训、学历教育，以及操作人员参加岗前培训、职业技能鉴定、操作人员学校培训等人员数量。

2. 平均受训时间

平均受训时间是指报告期内按照专业训练大纲和年度训练计划，组织开展业务学习、岗位练兵和比武竞赛等活动的平均时间，一般按照月计算。

$$平均受训时间 = \frac{报告期内累计受训总时长}{报告期内总月份} \times 100\% \qquad (8-9)$$

3. 训练考核优良率

训练考核优良率是指报告期内在训练考核中，考核等级为良好以上抽考人员的比率。

$$训练考核优良率 = \frac{报告期内训练考核优良人数}{参加考核人数} \times 100\% \qquad (8-10)$$

二、物资实力指标

物资实力统计的内容是对物资数量、价值、规模进行的计量与分析活动。通过物资实力统计，能够掌握物资的规模，对加强物资管理、提高物资管理质量具有重要意义，如图8-2所示。

（一）物资数量与价值

物资数量与价值是指报告期内仓库存放的全部物资数量和价值，包括在库的周转物资和储备物资。通常可以根据资产账和实有物资分类统计期末在库物资数量、期末在库物资价值以及下一年度计划需求数量三个重要指标。

（二）物资符合性

物资符合性指标是反映物资数量、类别、规格型号、使用寿命等是否满

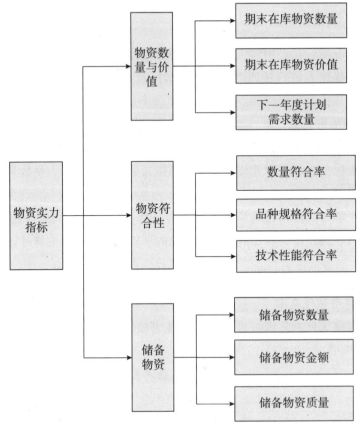

图 8 - 2   物资实力指标体系

足部队需求的指标。

1. 数量符合率

数量符合率是指报告期末实际在库物资数量满足部队需求的程度。

$$物资数量符合率 = \frac{期末满足部队需求物资数量}{期末实际在库物资数量} \times 100\% \qquad (8 - 11)$$

2. 品种规格符合率

品种规格符合率是指报告期末实际在库物资在类别品种、规格型号等方面满足部队需求的程度。

$$品种规格符合率 = \frac{期末满足部队品种规格物资数量}{期末实际在库物资数量} \times 100\% \qquad (8 - 12)$$

3. 技术性能符合率

技术性能符合率是指报告期末实际在库物资在质量、性能、使用寿命、技术要求等方面满足部队需求的程度。

$$技术性能符合率 = \frac{期末满足部队技术性能物资数量}{期末实际在库物资数量} \times 100\% \qquad （8-13）$$

（三）储备物资

1. 储备物资数量

在报告期末，分类统计物资数量。

2. 储备物资金额

在报告期末，分类统计物资价值。

3. 储备物资质量

储备物资的质量状况可分为新品、堪用品、待修品和待报废品。在报告期末，每类物资分类统计物资质量状况，可以清楚反映储备物资战备完好率水平。

三、物流设施实力指标

物流设施实力对整个物流能力的提升至关重要。所以，要重视每一物流环节物流设施的统计，按照采购设施、仓库设施、交通基础设施、配送设施分门别类地设计统计指标，用区域内物流设施布局的数量、密度、里程等指标反映其辐射能力。如图8-3所示。

（一）采购设施

1. 采购网点数量

采购网点数量主要统计报告期末负责物资采购的部门数量。

2. 供应商数量

供应商数量主要统计报告期末与军队保持长期物资供应合作关系的生产企业的数量，包括潜在的未来可能成为军队供应商的数量。

（二）仓储设施

仓储设施作为对物资进行集中、整理、保管和分发等工作的场所，对其类型、数量和规模进行统计非常必要。

1. 仓库数量

仓库数量是指报告期末仓库的实际数量，通常分类进行统计。按照仓库

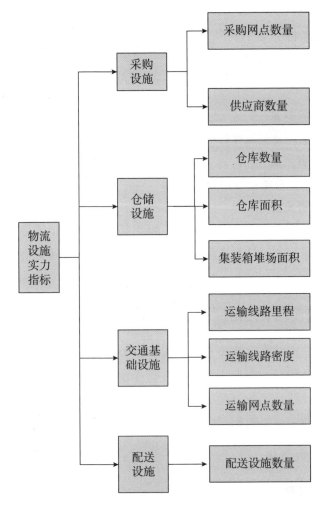

图 8－3　物流设施实力指标体系

存放物资的不同，可分类统计仓库数量；按照仓库作业的机械化程度，可分类统计（如人力仓库、半机械化仓库、机械化仓库、半自动化仓库、自动化仓库等）仓库数量。存放物资性质不同直接影响仓库作业的方式，同时仓库作业机械化自动化程度越高，作业效率越高，物流能力越强。

2. 仓库面积

与物流有关的仓库面积一般采用可供使用的库房面积、货场使用面积进行统计。通常使用建筑面积、有效面积、实用面积等统计指标。建筑面积是指仓库内库房和货场所有建筑物所占平面面积之和，若有多层建筑，还应当统计各层面积的累计数；有效面积是指仓储作业的占用面积，是实用面积、通道、检验作业区场地面积之和；实用面积是指仓库中货垛或货架占用的面积，可根据不同的存放方式进行统计。其中，实用面积与库内作业能力相关度最大，这里以实用面积作为主要指标反映仓库的面积。其统计分类应同仓库数量的分类一致。

3. 集装箱堆场面积

集装箱堆场面积是指报告期末用来存放集装箱的堆场占地面积。集装箱装卸、交接和保管需要专门的场地和设备。随着集装化运输方式在军队运用，很多仓库开设专门的集装箱作业和存储区域，这些都应作为集装箱堆场统计其占地面积。

（三）交通基础设施

交通基础设施是物流运输能力生成的主要依托，是完成物资运输任务的重要物质基础。交通基础设施统计是根据物流管理的需要，对其数量、能力、构成、分布状况与技术状态进行的计量与分析，主要包含运输线路里程、运输线路密度、运输网点数量等指标。交通基础设施的数据主要来源于国家和地方统计局公开的统计数据。

1. 运输线路里程

运输线路里程是指报告期末物流运输线路的实际长度，是交通基础设施统计中的一个最基本、最重要的统计指标，也是衡量交通运输发展规模和水平的综合性指标。根据物流运输的特点，可设置铁路里程、公路里程、内河航道里程、航空航线里程、管道长度等指标进行统计。

（1）铁路里程。

我国现行统计制度规定，以营业里程作为反映铁路线路里程的指标。营业里程是指办理营业运输的两个车站的站中心间的实际距离，表明全国或地区内进行铁路运输的铁路网里程。

（2）公路里程。

公路里程是指报告期末实际到达的公路里程数，包括等级公路和等级外公路。为避免重复计算，应将两条及两条以上共同经由同一段公路线路的重复里程剔除，以正确反映公路的实际长度。

（3）内河航道里程。

航道里程是指报告期末实有的通航里程数，计算航道里程时，应将两条交叉航道共同经由同一地段的重复里程剔除。

（4）航空航线里程。

航空航线里程是指报告期末民用航空运输定期班机飞行的航线长度，航线长度为机场间的距离。

（5）管道长度。

可以按照被输送物资的物理特性，分为输送液体、输送气体和输送其他物资三种管道进行分类统计。

2. 运输线路密度

运输线路密度是指报告期末一定土地面积平均所拥有的某种运输方式的线路里程数，是反映运输线路辐射强度和运输网建设水平的指标，可以设置铁路运输线路密度、公路运输线路密度等二级指标。由于军事运输的特殊性，这里按国土面积计算运输线路密度更有价值。

$$运输线路密度 = \frac{区域内运输线路里程}{区域内国土面积} \qquad (8-14)$$

3. 运输网点数量

运输网点数量是指报告期末物流运输网络结构中的枢纽点数量，根据物流运输网点的类型，主要对铁路车站、公路货场站站、水路港口码头、航空港（飞机场）、管道站库设施、附属设施等数量和规模进行分类统计。

（四）配送设施

借助于配送中心、集散分拨中心进行军用物资配货与送货或是生产企业直达配送，已经成为部队物资保障常态化的手段。这类配送中心、集散分拨中心在一定区域内拥有完善的信息网络和运输网络，配送功能健全，与军队物资保障单位保持长期的配送合作关系，为部队用户提供多品种、小批量、多批次、短周期物资末端送货服务。应纳入配送设施统计的范围。

配送设施主要统计报告期末仓库具有配送功能的设施，如配送中心、集散分拨中心，以及为部队提供配送服务的地方配送中心和企业配送部门的数量，包括潜在的未来可能与部队保持长期配送服务合作关系的配送中心和配送部门。

四、物流装备实力指标

物流装备是物流系统中完成各项活动的重要工具与手段。技术革新是物流装备更新换代的主导因素，是促进物流能力跃升的关键因素，如机械化、自动化程度较高的立体库、回转库、密集库等现代化库房，将物资平面堆放改为立体空间堆放，既节约了库房存储空间，提高了物资收发作业效率，又便于信息化管理；自动装卸机器人能够与其他物流作业同步协调，促进物流保障链条更加顺畅、安全、快速地满足部队需求；仓库装备和军交装备成体系的配套设计大大提升了物流保障链条无缝衔接能力。所以，不仅要统计物流装备的数量、价值和规模，而且要将物流装备质量、完好率以及作业能力作为物流装备实力统计的主要指标。物流装备实力指标体系如图 8-4 所示。

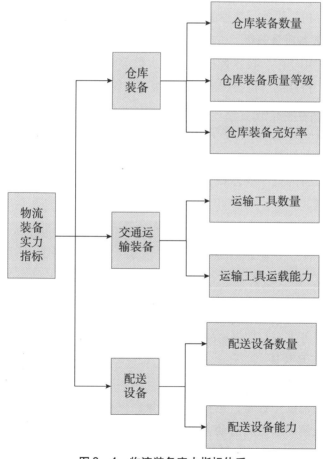

图 8-4　物流装备实力指标体系

（一）仓库装备

仓库装备是形成物流保障能力的重要因素，随着科技含量的不断提高，仓库装备的品种、数量不断增多。加强仓库装备管理，做好对现有装备的统计，对实现仓库物流现代化有着重要意义。

1. 仓库装备数量

仓库装备数量是指报告期末仓库设备的实际数量，可以根据不同用途的仓库装备进行分类统计。主要包括箱、罐、货架、托盘、集装箱等存储设备；各型起重机、搬运车、输送机、堆垛机、叉车等装卸搬运设备；封口机、灌装机、多功能包装设备贴标签机、捆扎机、集装机等包装设备；各种机床、切割机、电焊机，涂油、喷漆的各种机械设备等维护保养设备。

2. 仓库装备质量等级

可依据使用年限、技术性能、大修次数等对仓库装备的装备质量按照新品、堪用品、待修品、待报废品四个等级进行统计。

3. 仓库装备完好率

仓库装备完好率是指报告期末仓库装备能够随时遂行保障任务的完好数与实有仓库装备数量的比重，是快速形成物流保障能力的刚性指标。主要用以衡量仓库装备的技术状态和管理水平，以及仓库装备完成训练保障任务的可能保障程度。

$$仓库装备完好率 = \frac{期末仓库装备完好数量}{期末仓库装备实有数量} \times 100\% \qquad (8-15)$$

（二）交通运输装备

交通运输装备是保障军事运输需要的交通工具和器材，是确保平战时各类物资运输任务需要、加强物流建设的重要组成部分。

1. 运输工具数量

运输工具数量是指报告期末运输工具的实有数量，通常按照铁路运输工具数量、公路机动车数量、运输船舶数量、飞机数量进行统计。目前，短途运输以及库内倒库等物流活动主要依靠自有车辆完成，长途运输大部分依靠火车、运输船舶和飞机等运输工具完成。

2. 运输工具运载能力

运输工具运载能力是指报告期末载运工具的标记或核定吨位，反映载运工具的运载能力，同运输工具数量的分类一起进行统计。

（三）配送设备

1. 配送设备数量

配送设备数量是指报告期末配送中心拥有的配送设备的实际数量。通常按照配送中心拥有的交通工具、分拣设备、装卸搬运设备、加工设备等进行统计。

2. 配送设备能力

配送设备能力是指报告期末配送中心拥有的配送设备的额定能力。其统计分类与配送设备的分类一致。

五、物流信息实力指标

物流信息实力指标主要统计信息人员和信息设施设备的数量，以及信息设施设备处理能力，以反映投入信息资源的规模。物流信息实力指标体系如图 8-5 所示。

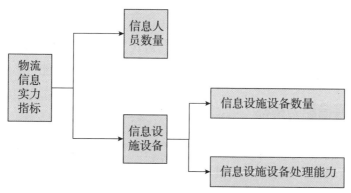

图 8-5　物流信息实力指标体系

（一）信息人员数量

信息人员数量是指报告期末各类信息系统的管理人员和操作使用人员的数量。信息人员的任务是通过人机交互系统进行物流信息的收集、存储、传输、加工、整理、维护和输出，为管理和指挥提供战略、战术及运作决策的支撑，以达到顺畅组织运作、提高运作效率的目的。

（二）信息设施设备

信息设施设备是指报告期末用于处理物流信息的各种设施和装备。通常包括信息管理中心、计算机、网络设备、视频监控系统、周界入侵报警系统等。

1. 信息设施设备数量

信息设施设备数量是指报告期末用于处理物流信息的设施设备的实际数量。通常可以按照设施设备类型进行分类统计。

2. 信息设施设备处理能力

信息设施设备处理能力是指报告期末信息设施设备的额定处理信息能力。其统计分类与信息设施设备数量统计分类一致。

第二节　功能要素能力指标

根据物流能力生成理论，基础要素能力有序高效地排列组合产生功能要素能力，是物流系统所具有的单元化模块化能力。若干功能要素能力抽组融合在一起能够合理有效地实现物资的空间流转，创造最佳军事效益。衡量物流功能要素能力的指标主要包括筹措能力、仓储能力、运输能力、配送能力。

一、筹措能力指标

筹措能力指标统计可以掌握主要物资的筹措规模、构成、发展速度及变化趋势。运用统计数据分析筹措计划完成情况，为编制和检查物资采购计划提供数量依据。目前，筹措的主要方式有向上级请领、生产、采购。所以，本书主要围绕采购和向上级请领两种主要方式设计筹措能力的统计指标。物流筹措能力指标体系如图8-6所示。

（一）采购能力

采购能力反映了采购机构保质保量地完成采购任务的能力。可以用采购任务增长率、节资率等指标来反映。

1. 期末完成采购项目数

期末完成采购项目数是指报告期内采购机构完成的采购项目数量，包括

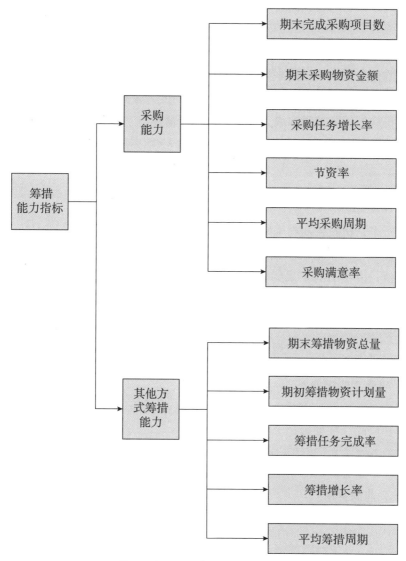

图 8 -6 物流筹措能力指标体系

主管部门下达给采购机构的计划采购项目、其他单位委托采购项目。这是最直接反映采购机构作业量的指标。

2. 期末采购物资金额

期末采购物资金额是指报告期内采购机构完成采购项目的合同金额。采购项目数反映报告期内采购机构的工作量，还需要用期末采购物资金额这一指标作为补充，共同反映采购机构的工作能力。通常情况下，采购项目数越多，采购金额越大，在同一时间段完成采购工作量越大，说明采购机构筹措能力越强。

3. 采购任务增长率

采购任务增长率是指本期采购任务完成量的增加额与上一报告期采购任务完成量的比值。反映了采购任务的增长幅度，采购任务增长幅度越大，说明采购机构的任务量越饱满，筹措能力不断增强。

$$采购任务增长率 = \frac{本期完成采购项目数 - 上期完成采购项目数}{上期完成采购项目数} \times 100\%$$

$$(8-16)$$

4. 节资率

节资率是指报告期内采购机构所购买物资的成交金额（等同于期末采购物资金额）与期初采购预算金额的差，占期初采购物资预算金额的比重。如果是负值，说明节约了采购资金；如果是正值，说明超出了预算。节资率反映采购机构通过合理的采购方式、优化的采购程序、科学的采购技巧购买到质优价廉的产品，为军队节约经费的情况。

$$节资率 = \frac{期末采购物资金额 - 期初采购物资预算金额}{期初采购物资预算金额} \times 100\% \quad (8-17)$$

5. 平均采购周期

平均采购周期是指报告期内采购项目从采购计划上报到采购合同签订所需的平均时间，周期越长，采购效率越低。

$$平均采购周期 = \frac{\sum 报告期内每个项目完成时间}{报告期内采购项目数} \quad (8-18)$$

6. 采购满意率

采购满意率是指下达或委托采购任务的单位对采购业务的满意程度。

$$采购满意率 = \frac{随机调查的满意用户数}{随机调查的用户总数} \times 100\% \quad (8-19)$$

（二）其他方式筹措能力

其他方式筹措能力是指报告期内物资主管部门通过请领、生产等其他方式筹措物资的能力。可以用期末筹措物资总量、期初筹措物资计划量、筹措任务完成率、筹措增长率、平均筹措周期等指标进行衡量。

1. 期末筹措物资总量

期末筹措物资总量是指报告期内物资主管部门以向上级请领、生产等方式筹措到的物资总量。

2. 期初筹措物资计划量

期初筹措物资计划量是指报告期初物资主管部门向上级计划请领物资的数量。

3. 筹措任务完成率

筹措任务完成率是指报告期末筹措物资总量占期初筹措物资计划量的比率。

$$筹措任务完成率 = \frac{期末筹措物资总量}{期初筹措物资计划量} \times 100\% \qquad (8-20)$$

4. 筹措增长率

筹措增长率是指与上一报告期相比，本期筹措总量的增长幅度，用于进行纵向比较。筹措增长率越高，筹措能力越强。

$$筹措增长率 = \frac{本期筹措总量 - 上期筹措总量}{上期筹措总量} \times 100\% \qquad (8-21)$$

5. 平均筹措周期

平均筹措周期是指报告期内从请领计划上报到上级物资主管部门批复请领计划所需平均时间。周期越长，筹措效率越低，筹措能力越弱。

$$平均筹措周期 = \frac{\Sigma 报告期内每笔物资筹措时间}{报告期内筹措笔数} \qquad (8-22)$$

二、仓储能力指标

仓储能力指标是功能要素能力指标的主要组成部分，是统计的重点。仓储能力统计指标体系的建立比较复杂，合理地选择能恰当反映仓储能力的统计指标，是科学、客观地进行统计分析的前提。根据影响仓储能力生成的主要因素，分别从仓库储存能力、仓库作业能力、仓库服务保障能力、仓库防护能力四个方面建立统计指标，如图 8-7 所示。

（一）仓库储存能力

1. 仓库库容量

仓库库容量是指报告期末去除仓库内通道和间隔后，所能容纳物资的最大数量，是衡量仓库能力的主要参数之一，也是评价仓库质量的重要指标。可根据仓库类型不同进行分类统计，如油罐总容量、军械弹药库房容量、军需库房容量、药材库房容量等。

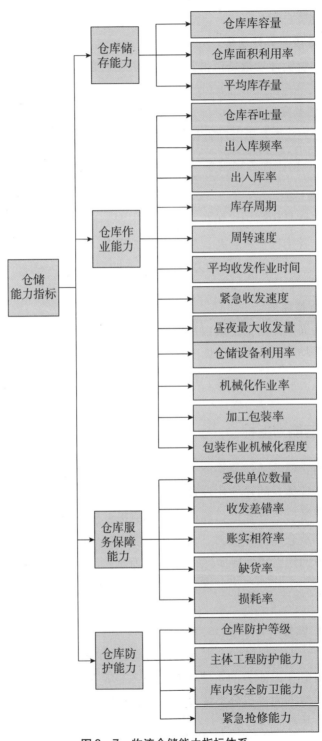

图 8－7　物流仓储能力指标体系

2. 仓库面积利用率

仓库面积利用率是指报告期末实际使用仓储面积占仓储可使用总面积的比例,这是衡量仓库利用程度的重要指标,是反映仓库管理水平的重要经济指标,为分析仓库实际利用效率、提高储存能力提供了依据。

$$仓库面积利用率 = \frac{期末实际使用仓储面积}{期末仓储可使用总面积} \times 100\% \qquad (8-23)$$

3. 平均库存量

平均库存量是指报告期内库存量的平均值。通常用日平均库存量或月平均库存量表示。该指标反映了仓库平均库存水平和库容利用状况。

$$日平均库存量 = \frac{\sum 报告期内每日库存量}{报告期内天数} \qquad (8-24)$$

$$月平均库存量 = \frac{\sum 报告期内每月库存量}{报告期内月数} \qquad (8-25)$$

(二) 仓库作业能力

1. 仓库吞吐量

仓库吞吐量是指报告期内仓库出入库物资的总量,反映物资进出仓库工作量的大小,是仓库业务工作的主要体现。同等条件下,吞吐量越大,说明仓库作业能力越强。

$$仓库吞吐量 = 报告期内总入库量 + 报告期内总出库量$$

2. 出入库频率

出入库频率是指报告期平均时间内出入库的作业量,其大小与仓库装备的性能、管理水平、保管员的熟练程度密切相关,是反映库内作业能力的重要指标之一。

$$出入库频率 = \frac{仓库吞吐量}{报告期天数} \qquad (8-26)$$

3. 出入库率

出入库率是指报告期内出入库物资数量与出入库量及库存量之和的比值。其值在 0~1 变动,越接近 1,说明物资的流动性越好,仓库的利用率越高。

$$出入库率 = \frac{入库量 + 出库量}{入库量 + 出库量 + 库存量} \times 100\% \qquad (8-27)$$

4. 库存周期

库存周期是指报告期内库存物资从入库到出库的平均时间。

$$库存周期 = \frac{\Sigma 报告期内每笔物资库存时间}{报告期内出库物资笔数} \quad (8-28)$$

5. 周转速度

周转速度是反映库内物资中转供应能力的重要指标，一般表示为周转次数或周转天数。

$$周转次数 = \frac{报告期内总出库量}{报告期内平均库存量} \quad (8-29)$$

$$周转天数 = \frac{报告期内日历天数}{周转次数} \quad (8-30)$$

6. 平均收发作业时间

这一指标是指报告期内完成每笔物资收发作业所耗用的平均时间，反映了仓库在紧急情况下的收发作业效率。

$$平均收发作业时间 = \frac{报告期内收发作业总耗时数}{收发物资总笔数} \quad (8-31)$$

7. 紧急收发速度

紧急收发速度是指为应对突发的保障任务，在紧急情况下的收发物资速度。这一指标反映了仓库的紧急收发作业能力，是对平时训练、指挥、管理能力和效果的综合反映。

$$紧急入库速度 = \frac{紧急入库物资数量}{耗用时间} \quad (8-32)$$

$$紧急出库速度 = \frac{紧急出库物资数量}{耗用时间} \quad (8-33)$$

8. 昼夜最大收发量

昼夜最大收发量是指在人员、设施及装备满负荷运转情况下，在一昼夜（24 小时）内经过仓库作业（包括库内包装作业、装卸搬运作业）所能完成的最大物资量。这一指标反映了仓库的最大作业能力，是衡量紧急收发作业效率的重要指标。

$$昼夜最大收发量 = \left(\frac{24}{单车满载所需作业时间}\right) \times 平行作业车辆数 \times$$
$$单车最大物资载重量 \quad (8-34)$$

9. 仓储设备利用率

仓储设备利用率是指报告期内仓储机械设备平均小时搬运量与额定小时搬运量的比率，通常用这个指标来评估仓储设备系统配置的合理性。

$$设备利用率 = \frac{报告期内设备平均小时搬运量}{报告期内设备额定小时搬运量} \times 100\% \qquad (8-35)$$

10. 机械化作业率

机械化作业率是指报告期内使用机械作业总量占物资吞吐量的比例，反映仓库机械化作业水平，是衡量仓库作业效率的重要指标。

$$机械化作业率 = \frac{报告期内使用机械作业总量}{报告期内物资吞吐量} \times 100\% \qquad (8-36)$$

11. 加工包装率

通过包装作业改变物资形状，便于高效率地储存、装卸、搬运、运输。加工包装率是指报告期末加工包装物资量占储存总量比例，反映易于投入作业的物资数量比重。

$$加工包装率 = \frac{期末加工包装物资量}{期末库存量} \times 100\% \qquad (8-37)$$

12. 包装作业机械化程度

包装作业机械化程度是指报告期内包装设备作业量占总包装作业量的比例，反映包装机械化作业水平，是衡量包装效率的重要指标。

$$包装作业机械化程度 = \frac{报告期内包装设备作业量}{报告期内包装总量} \times 100\% \qquad (8-38)$$

（三）仓库服务保障能力

1. 受供单位数量

受供单位数量是指报告期内仓库完成物资供应任务所保障的用户数量。

2. 收发差错率

收发差错率是指报告期内发生差错的收发作业笔数占收发作业总笔数的比例，此项指标反映仓库收发物资作业的准确程度。

$$收发差错率 = \frac{报告期内收发差错累计笔数}{报告期内收发作业总笔数} \times 100\% \qquad (8-39)$$

3. 账实相符率

账实相符率是指报告期内在进行物资盘点时，在库物资账面结存数与库存实有数量的相符程度，是反映库存管理是否有效的重要指标。

$$账实相符率 = \frac{报告期内账实相符笔数}{报告期内盘点总笔数} \times 100\% \qquad (8-40)$$

4. 缺货率

缺货率是指报告期内缺货次数与用户需求次数的比值，反映仓库持续不断供货的能力。依托准确预测库存、无缝衔接的供应链可以有效降低此项指标。

$$缺货率 = \frac{报告期内缺货次数}{报告期内用户需求次数} \times 100\% \qquad (8-41)$$

5. 损耗率

损耗率是指报告期内物资损耗量占物资入库总量的比例，通常按照物资类别进行分类统计。

$$损耗率 = \frac{报告期内物资损耗量}{报告期内物资入库总量} \times 100\% \qquad (8-42)$$

（四）仓库防护能力

仓库防护能力反映了仓库抗打击程度、遭破坏后修复能力以及安全警戒水平，是保护物资安全、衡量物流生存及再生能力的重要指标。由于防护能力指标难以直接用数据量化，通常采用专家依据量化标准打分的方法进行指标量化。

1. 仓库防护等级

仓库防护等级可以按照一级、二级、三级划分。

2. 主体工程防护能力

主体工程防护能力可以按照一级、二级、三级划分。

3. 库内安全防卫能力

库内安全防卫能力可以依据警戒覆盖率和监控覆盖率两大指标综合评分进行量化。警戒覆盖率是指库区内岗（哨）位在库区的覆盖率，反映岗（哨）位警戒的效能；监控覆盖率是指视频报警系统、周界入侵报警系统、视频监控系统等监控设施在库区的覆盖率，反映安防设施的效能。

4. 紧急抢修能力

紧急抢修能力是指在库区遭敌破坏以及发生火灾、老旧隐患等安全事故时，紧急组织人力、物力抢修仓库设施装备，以保障正常收发作业的能力，通常以时间进行衡量。如油库可以用消防车到达仓库最远点时间、管线堵漏速度等指标进行量化。

三、运输能力指标

运输能力指标统计能够加强运输管理效率，大大提高物资在物流系统中

的流通速度。能否合理设计运输能力指标，直接影响运输能力统计分析结果，
关系运输管理的成效。物流运输能力指标体系如图8-8所示。

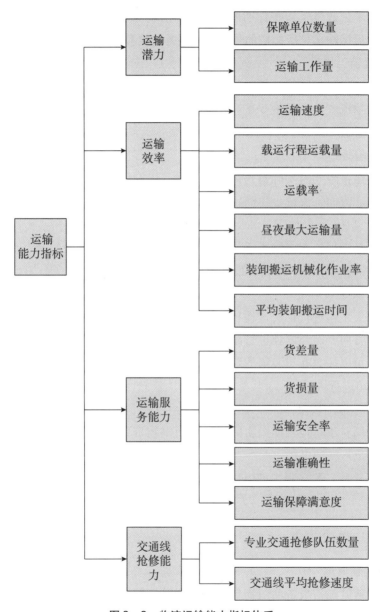

图8-8 物流运输能力指标体系

（一）运输潜力

1. **保障单位数量**

保障单位数量是指报告期内物流运输活动保障单位的实际数量。这直接反映了物流运输单位所提供的物流运输服务的规模以及运输服务的辐射能力。

2. **运输工作量**

运输工作量用以统计铁路、公路、水路和航空等运输方式完成的物资运输量，是物流统计不可缺少的基本指标。通常对运量、运距、集装箱运量和运输周转量进行统计。

（1）运量。

运量是报告期内实际运送的物资数量，以仓库的发货量为准。可以按照运输方式、流向、流量、物资品类等分类进行统计。

（2）运距。

运距是指报告期内物资运送的实际距离，是计算物资周转量、优化货物运输调度的重要依据。通常按照运量一致的分类进行统计。

（3）集装箱运量。

使用集装箱进行物资运输可以大大提高运输效率和能力，代表着运输能力发展的方向，需要单独进行统计。集装箱运量是报告期内运送集装箱的实际数量。可以按 20ft 集装箱的数量计算，非 20ft 集装箱按照折算系数折合成 20ft 集装箱进行统计。

（4）运输周转量。

运输周转量是报告期内实际运送的每笔物资数量乘以其相应运距，再进行求和得出。

运输周转量 = ∑（报告期内每笔物资运量×报告期内该笔物资实际运距）

$$(8-43)$$

（二）运输效率

1. **运输速度**

运输速度是指报告期内物资在整个运输期间的平均运输速度，是物资运输总距离与在途总时间的比值。在途总时间是从装货开始到卸完货终止，包括中转以及其他中途停留时间。它反映了运输组织水平以及运输方式的技术水平。

$$运输速度 = \frac{\Sigma 报告期内每笔物资运距}{报告期内在途总时间} \qquad (8-44)$$

2. 载运行程运载量

载运行程运载量是指报告期内在用运载物资车辆载运行程的载运能力，其中载运行程是在用运载物资车辆总行程扣除空车行程后的公里数。这一指标反映了车辆在运行中扣除空驶因素后的最大运输能力，是衡量运输能力使用程度的重要指标。

$$载运行程运载量 = \Sigma（报告期内单车载运行程 \times 标记吨位） \qquad (8-45)$$

3. 运载率

运载率是指报告期内运输总量占载运行程运载量的比重。这一指标反映了运输能力的利用效率，是衡量运输能力使用程度的重要指标。运载率越高，说明运输能力的利用率越高，空车率越小。

$$运载率 = \frac{报告期内总运量}{载运行程运载量} \times 100\% \qquad (8-46)$$

4. 昼夜最大运输量

昼夜最大运输量是指一昼夜（24 小时）内车辆满载情况下运输物资的最大量。其中，日最大交通通行能力是在一定的道路和交通条件下，一昼夜（24 小时）通过交通线某一横截面的最大车辆数。这一指标反映了紧急情况下运输能力水平的上限。通常按照运输方式分类计算。

$$昼夜最大运输量 = 单车最大物资载重量 \times 日最大交通通行能力$$
$$(8-47)$$

5. 装卸搬运机械化作业率

装卸搬运机械化作业率是指报告期内使用装卸搬运机械作业的总量占总装卸搬运量（总运量）的比重。

$$装卸搬运机械化作业率 = \frac{\Sigma 报告期内装卸搬运机械作业量}{报告期内总运量} \times 100\%$$
$$(8-48)$$

6. 平均装卸搬运时间

平均装卸搬运时间是指报告期内装卸搬运物资总时间与装卸搬运物资总件数（总运量）的比值。

$$平均装卸搬运时间 = \frac{报告期内装卸搬运物资总时间}{报告期内总运量} \qquad (8-49)$$

（三）运输服务能力

1. 货差量

货差是指物资在运输（装卸、在途保管）过程中出现的票货不符、数量溢缺等差错，主要是由于错装、错卸、漏装、漏卸、错转、错交等原因造成的。为减少货差量，要加强装卸质量、业务工作质量和交接环节的管理工作。货差量是报告期内物资运输中出现物资差错的实际数量。主要统计票货分离（有物资无物资调拨单或有物资调拨单无物资，但已查明物资）、误运送（误装卸、漏装卸、错运和部分物资与全批分离）、误交付、件数不符、重量不符等发生的货差量。

2. 货损量

货损是指物资在运输（装卸、在途保管）过程中发生的质量上的损坏。货损包括由于可装卸作业不当、发生交通事故等原因造成的物资损毁、污染、变形以及由于挥发、散失、流失等原因造成的超过自然减量的物资损耗。货损量指报告期内物资运输中出现运输物资损坏或丢失的实际数量。

3. 运输安全率

常用运输安全天数和运输事故件数来衡量运输安全质量。运输安全天数，指一个单位连续安全运输无事故的天数；运输事故件数，指一个单位在一定时期内所发生的运输事故总件数。用安全的绝对天数或事故的绝对件数来衡量运输安全质量有一定的局限性，没有和运输工作量联系起来，通常还要用相对指标"运输安全率"来衡量。运输安全率反映了报告期内连续安全运输无事故情况。

$$运输安全率 = \left(1 - \frac{报告期内物资损失总量}{报告期内总运量}\right) \times 100\% \qquad (8-50)$$

其中，物资损失总量 = 货损总量 + 货差总量

4. 运输准确性

运输准确性是指报告期内按要求时限完成运输任务的比重，包括时间准确性和空间准确性。前者反映的是速度的快慢，如物资的日送达速度是多少；后者反映的是物资到达某个空间位置是否准时，如物资是否按规定的时间运送到指定地点。

$$运输准确性 = \frac{报告期内按要求时限完成的运量}{报告期内总运量} \times 100\% \qquad (8-51)$$

5. 运输保障满意度

运输保障满意度是指用户对运输计划质量、运输过程质量、运输服务质量等的满意程度，满意度是一个综合性指标，主要通过对用户的抽样调查方法来测定。

$$运输保障满意度 = \frac{调查满意的用户}{全部调查用户} \times 100\% \qquad (8-52)$$

（四）交通线抢修能力

1. 专业交通抢修队伍数量

专业交通抢修队伍数量是指报告期末军队自有工程部队以及地方专业交通抢修队伍人员数量总和。

2. 交通线平均抢修速度

交通线平均抢修速度是指报告期内修复 10 公里交通线需要的平均时间。

$$交通线平均抢修速度 = \frac{报告期内修复交通线总时长}{修复总公里数} \times 10 \qquad (8-53)$$

四、配送能力指标

配送包括集货、分拣、配货、送达服务等最基本的配送功能要素。因此，配送能力的统计指标应当根据配送流程，从整体上考虑配送活动的综合效果，保证指标设计的全面性和可信度。物流配送能力指标体系如图 8-9 所示。

（一）集货分拣能力

集货分拣与仓储功能类似，是一切配送活动的基础，如果没有集货分拣过程就不存在后续的配送作业，反映集货分拣能力的主要统计指标如下。

1. 周转速度

周转速度是集中反映配送作业效率的主要指标，一般表现为周转次数以及周转天数。库存周转次数是指报告期内总配送量与平均库存量的比值。库存周转次数越多，说明配送单位的效率越高。

$$库存周转次数 = \frac{报告期内总配送量}{报告期内平均库存量} \qquad (8-54)$$

$$周转天数 = \frac{报告期内日历天数}{周转次数} \qquad (8-55)$$

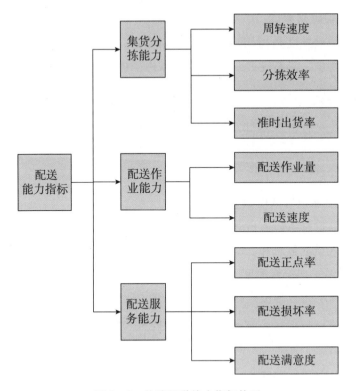

图 8 - 9　物流配送能力指标体系

2. 分拣效率

分拣活动是到库物资在库内拆零、分拣的过程，是配送单位库内作业的重要组成部分。分拣效率是指报告期内配送单位库内作业的效率。

$$分拣效率 = \frac{报告期内分拣作业总量}{报告期内分拣作业总时间} \qquad (8-56)$$

3. 准时出货率

准时出货率是指报告期内按照时间节点完成分拣作业，达到待配送状态的能力。

$$准时出货率 = \frac{报告期内准时出货次数}{报告期内配送次数} \times 100\% \qquad (8-57)$$

（二）配送作业能力

1. 配送作业量

配送作业量是指报告期内配送物资的数量乘以相应配送里程，再求和。

此项指标是测算配送中心规模、制定合理配送方案的重要依据。

配送作业量 = $\sum$（报告期内每笔物资配送量 × 报告期内该笔物资配送里程）

$$(8-58)$$

2. 配送速度

配送速度是指报告期内从用户提出需求到物资送达用户所耗费的平均时间，是对配送中心作业能力的综合反映。

$$配送速度 = \frac{报告期内配送总时间}{报告期内配送次数} \qquad (8-59)$$

（三）配送服务能力

配送服务能力是指配送单位在报告期内按时按质按量送货的能力。该指标既反映了配送单位的保障能力，也体现了其服务用户的水平。

1. 配送正点率

配送正点率是指报告期内配送活动在指定时间内交付物资的比重，是检验物流保障活动效果的最重要环节，送货的具体时间一般由用户决定。

$$配送正点率 = \frac{报告期内正点配送量}{报告期内总配送量} \times 100\% \qquad (8-60)$$

2. 配送损坏率

配送损坏率是指报告期内人为和自然的原因造成的物资在配送过程中的损坏、差错、丢失、质量事故的比率。

$$配送损坏率 = \frac{报告期内配送损坏量}{报告期内总配送量} \times 100\%$$

$$(8-61)$$

3. 配送满意度

流通性强且非保密的物资大部分依靠地方配送中心完成，重要或安全保密要求高的物资由仓库、配送中心、集散分拨中心组织配送。配送满意度是指用户对物流配送服务保障的满意程度。

$$配送满意度 = \frac{调查满意的用户}{全部调查用户} \times 100\% \qquad (8-62)$$

五、信息处理能力指标

信息处理能力是运用信息技术接收、存储、转化和发布物流信息的能力。信息处理能力指标揭示了物流能力生成过程中信息的利用率，反映了信息管理和运用的效率高低。信息处理速度越快，处理量越多，物流能力越强。物流信息处理能力指标体系如图8-10所示。

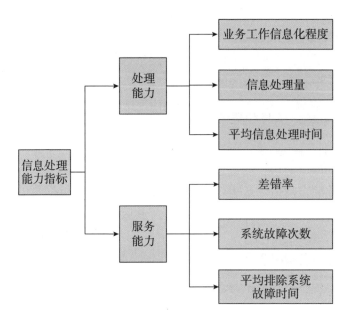

图8-10　物流信息处理能力指标体系

（一）处理能力

1. 业务工作信息化程度

业务工作信息化程度是指报告期内利用业务信息系统收发文数量占收发文总量的比例。

$$业务工作信息化程度 = \frac{报告期内业务信息系统收发文数量}{报告期内收发文总量} \times 100\%$$

$$(8-63)$$

2. 信息处理量

信息处理量是指报告期内处理信息的实际数量。

3. 平均信息处理时间

平均信息处理时间是指报告期内处理信息的速度。

$$平均信息处理时间 = \frac{报告期内信息处理总时间}{报告期内信息处理量} \qquad (8-64)$$

（二）服务能力

1. 差错率

差错率是指报告期内信息处理过程中发生差错的数量与信息处理总量的比值。

$$差错率 = \frac{报告期内出现差错的信息量}{报告期内信息处理总量} \times 100\% \qquad (8-65)$$

2. 系统故障次数

系统故障次数是指报告期内业务信息系统出现故障的数量。

3. 平均排除系统故障时间

平均排除系统故障时间是指报告期内业务信息系统出现故障到恢复正常运行所用的平均时间。

$$平均排除系统故障时间 = \frac{报告期内排除故障总时间}{报告期内故障出现次数} \qquad (8-66)$$

第三节　集成能力指标

集成能力指标主要反映区域范围内整体物流运作水平，一般是通过基础要素能力统计、功能要素能力统计数据计算得出。物流集成能力指标体系如图 8-11 所示。

一、流通能力

流通能力反映了军用物资通过物流网络的最大流通量。在物流网络中，各节点、各线路的流通量并不完全相同，流通能力是由其流量最小的功能环节决定。从可量化的角度看，物流流通能力可以通过两个指标进行统计：节点流通量和线路流通量（运输量）。

（一）节点流通量

节点流通量是指多个物流节点在人员、设施及装备满负荷运转情况下，一昼夜（24 小时）内经过仓库作业（包括库内包装作业、装卸搬运作业）所能发出的最大物资量，即各物流节点昼夜最大收发量的和。

$$节点流通量 = \sum 各节点昼夜最大收发量 \qquad (8-67)$$

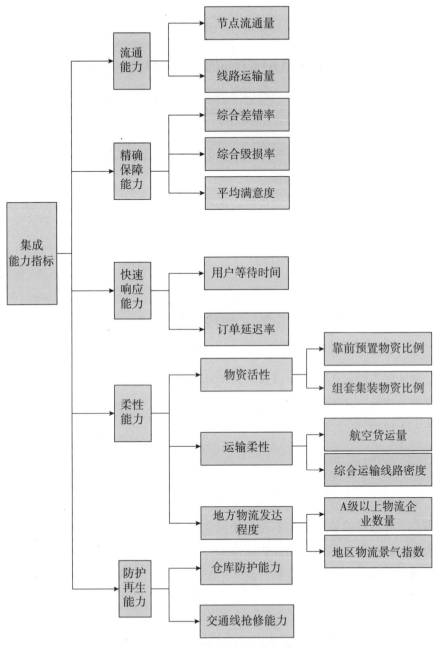

图 8-11　物流集成能力指标体系

（二）线路运输量

线路运输量与运输方式的选择密切相关。为了发挥最大运输保障能力，一般采用以下两种运输方式。一是多式联运，即由两种或两种以上的运输工具相互衔接、转运而共同完成的运输过程；二是平行运输，即由两种或两种以上的运输工具同时从供应地向需求地运输物资。线路运输量是指一昼夜（24 小时）运用多式联运或平行运输所能运送的最大物资量。

采用平行运输时的计算公式：

$$N_{总} = N_{铁} + N_{水} + N_{公} + N_{空} + N_{管} \qquad (8-68)$$

采用多式联运时的计算公式：

$$N_{总} = \min（N_{铁}，N_{水}，N_{公}，N_{空}，N_{管}） \qquad (8-69)$$

式中：$N_{总}$——线路运输量；

　　　$N_{铁}$——铁路昼夜最大运输总量；

　　　$N_{水}$——水路昼夜最大运输总量；

　　　$N_{公}$——公路昼夜最大运输总量；

　　　$N_{空}$——航空昼夜最大运输总量；

　　　$N_{管}$——管线昼夜最大输送总量。

二、精确保障能力

精确保障能力是按照用户需求在正确地点、正确时间交付正确数量和完好质量的物资，反映了物流系统保障服务的质量水平。从物流能力作用结果看，精确保障能力体现了满足用户需求的情况，可用保障服务用户的能力水平来衡量。按照物流保障服务的数量特征和质量特征进一步分析，精确保障能力可以通过以下指标进行统计。

（一）综合差错率

综合差错率是报告期内各功能环节差错率的加权平均数。综合差错率既受到物资性质的影响，也受到功能环节的影响。应按照差错率出现的概率大小，咨询物流领域的专家合理地确定权重，说明不同功能环节差错率对综合差错率的影响程度。

$$A_0 = K_1 A_1 + K_2 A_2 + K_3 A_3 \qquad (8-70)$$

式中：A_0——综合差错率；

A_1——收发作业差错率；

A_2——运输差错率（根据运输货差量计算得出）；

A_3——配送差错率。

系数 K_1，K_2，K_3 为权重系数且满足 $K_1 + K_2 + K_3 = 1$，由专家打分法确定。

（二）综合毁损率

综合毁损率是报告期内各功能环节毁损率的加权平均数。出现物资毁损的原因有维护保养不当、收发作业不规范、交通事故、自然灾害等。在储存、收发作业、运输、配送环节最易发生毁损，物资在不同功能环节流动时毁损的可能性有所区别，这里也由专家根据具体环境和情况确定权重，确定各功能环节毁损率对综合毁损率的影响程度。

$$A_0 = K_1 A_1 + K_2 A_2 + K_3 A_3 \qquad (8-71)$$

式中：A_0——综合毁损率；

A_1——物资损耗率；

A_2——运输毁损率（根据运输货损量计算得出）；

A_3——配送毁坏率。

系数 K_1，K_2，K_3 为权重系数且满足 $K_1 + K_2 + K_3 = 1$，由专家打分法确定。

（三）平均满意度

平均满意度是报告期内各功能环节满意度的平均数。

$$A_0 = \frac{A_1 + A_2 + A_3}{3} \times 100\% \qquad (8-72)$$

式中：A_0——平均满意度；

A_1——仓储满意度；

A_2——运输满意度；

A_3——配送满意度。

三、快速响应能力

快速响应能力是通过物流系统各功能环节相互配合、相互协调达到压缩整体运作时间来满足用户的时间要求，可以用用户等待时间和订单延迟率两个指标来衡量物流系统整体的快速响应能力。

（一）用户等待时间

用户等待时间是指从用户上报物资需求到用户收到物资实际所需的平均时间。

（二）订单延迟率

订单延迟率是指报告期内按照送达标准存在延迟的订单数量占订单总数的比例。可以用功能要素能力指标中的运输准确性和配送正点率计算得出。没有达到送达标准的订单都属于延迟订单。

$$订单延迟率 = \frac{报告期内延迟订单数}{报告期内订单总数} \times 100\% \qquad （8-73）$$

其中，报告期内延迟订单数＝报告期内订单总数－按要求时限完成的运输订单数－正点配送订单数。

四、柔性能力

物流系统具备柔性能力的目的是应对非正常需求和不确定性环境，以保持物资服务保障数量和质量水平。物流保障的对象和环境充满了变化和不确性，这构成了柔性能力生成的必要条件。应当从物流生成的动态过程衡量柔性能力，一方面可以通过预先考虑可能面临的不确定性，提高物资活性应对可能出现的变化，以不变应万变；另一方面可以通过快速转变组织方式使物流系统保持原有保障能力，以变应变，比如，改变运输路线，通过利用地方物流资源获取额外资源。

（一）物资活性

1. 靠前预置物资比例

靠前预置物资是按照保障预案的要求，将适宜预置储存的战备物资提前存放在主要区域或预定仓库的一种资源配置方式。可以缩短物流系统应对需求的非正常或显著变化的响应时间。

靠前预置物资比例是报告期内靠前预置物资总量占储存物资总量的比例。

$$靠前预置物资比例 = \frac{报告期内靠前预置物资总量}{报告期内储存物资总量} \times 100\% \quad （8-74）$$

2. 组套集装物资比例

组套集装是针对保障对象物资消耗规律，将不同品种同一规格，或是不同品种用途相关的物资按特定数量比例进行组套，并按照便于集装化储运的方式组合集装的过程。它既反映了用户的需求，又提高了物资的活性，提升了应对不确定性需求的能力。

组套集装物资比例是报告期内组套集装物资总量占储存物资总量的比例。

$$组套集装物资比例 = \frac{报告期内组套集装物资总量}{报告期内储存物资总量} \times 100\% \qquad (8-75)$$

（二）运输柔性

1. 航空货运量

航空货运量是报告期内通过航空运输物资的总量。在物资运输过程中，航空运输方式具有速度快，不受到地形阻隔的天然优势，是公路、铁路等运输方式遭到破坏时的有效替代手段，是提高物流系统柔性的重要方式。

2. 综合运输线路密度

综合运输线路密度主要反映公路、铁路运输能力覆盖的程度和辐射的范围，密度越大，在紧急情况下转换运输方式的时间就越短，效率就越高，运输柔性就越强；反之越小，运输柔性就越差。综合运输线路密度可以通过对这两种运输方式的覆盖能力建立数学模型计算得到，也可以通过专家赋予权重，加权平均进行量化计算。

（三）地方物流发达程度

1. A 级以上物流企业数量

A 级以上物流企业是按照《物流企业分类与评估指标》（GB/T 19680—2013），从企业经营状况、资产、设备设施、管理及服务、人员素质和信息化水平六个方面评估出具有一定市场规模、发展前景广阔、服务功能和服务水平优质的 A 级以上物流企业。A 级以上物流企业得到政府和市场的广泛认同，是发展军地一体物资保障的潜在力量。A 级以上物流企业数量越多，物流网络扩展性越好，灵活性柔性越高。一旦军队自有物流力量短缺不足或遭敌破坏，这些物流企业有能力承担起物资保障的任务。

2. 地区物流景气指数

地区物流景气指数反映了某一区域物流业发展的运行情况，不仅与该区域经济运行的活跃度相互关联，而且能够显示该地区消费和投资方式的改变。地区物流景气指数越高，说明该地区经济生产和消费越旺盛，市场流通性越好。

五、防护再生能力

防护再生能力是支撑物流系统顺畅运行的根本保证，无论平时还是战时，物流系统都具备强大的防护再生能力，能够始终维持安全的运行环境，及时修复被破坏的设施装备，以及为作战训练提供有力的保障，充分发挥物流系统最大的保障效益。防护再生能力是对仓库防护能力和交通线抢修能力的综合体现，可以通过对这两种能力建立数学模型计算得到，也可以通过专家赋予权重，加权平均进行量化计算。

第九章　物流能力统计模型建立与实证分析

前文中设计了物流能力统计指标体系，但仅仅设计指标体系是不够的，如何利用物流能力统计指标分析和评价物流能力，才是我们研究的重点。本章将应用模型分析的方法，建立物流能力统计模型，并运用统计数据对仓库和区域进行统计分析和评价，以更加深刻地认识物流能力统计指标和数据的具体应用。

第一节　物流能力统计理论模型

本书根据物流能力统计指标均属定量指标的特点，并结合作为统计对象的仓库和区域实际情况，具体论述适用于评价仓库物流能力和区域物流能力的统计模型。按照"物流能力生成—物流能力分析—物流能力评价"的总体思路，建立相关理论模型。

一、物流能力生成模型

物流能力生成模型是描述能力生成过程中投入的物流基础要素的某种组合同它可能生成的物流能力之间依存关系的数学表达式。用于描述物流基础要素投入与能力产出的关系。其基本形式为

$$Y = f(A, K, L, \cdots) \tag{9-1}$$

式中：Y——物流能力；

A，K，L，$\cdots$——投入的物流基础要素。

采用 Cobb – Dauglas 生产函数理论对物流进行投入与产出分析，物流能力生成是投入的物流人员、物资、物流设施、物流装备和物流信息资源等基础要素生成所需要的物流能力的过程。物流能力生成模型具体形式为

$$Y = AK^{\alpha_1}L^{\alpha_2}M^{\alpha_3}N^{\alpha_4}O^{\alpha_5} \tag{9-2}$$

式中：Y——生成的物流能力；

　　　K——投入的物流人员；

　　　L——投入的物资；

　　　M——投入的物流设施；

　　　N——投入的物流装备；

　　　O——投入的物流信息资源；

　　　A——指挥、管理、编组、训练等各种非物质形态的投入；

　　　α_1、α_2、α_3、α_4、α_5——物流各基础要素的生成弹性，即各基础要素与物流能力之间的数量关系，且满足 $\alpha_1 + \alpha_2 + \alpha_3 + \alpha_4 + \alpha_5 = 1$。

模型说明：投入的物流基础要素 L、M、N 和 O 的计量比较复杂，结合物流能力统计的特点，一般采用物流能力生成过程中基础要素的实际贡献计量，即物资、设施、装备以及信息购买的价格或是固定资产的账面价值进行计量。投入物流人员 K 的计量采用物流人员数量。

二、物流能力分析模型

物流能力分析模型是通过研究与物流能力生成相关的众多能力指标之间的内部依赖关系，用较少的相互独立的公共因子代替原有能力指标的绝大部分信息，进而分析出对物流能力影响程度最大的因子，为分析物流能力的短板弱项提供实证依据。其具体应用步骤如下。

（一）原始数据标准化

为把不同性质的指标进行综合，首先要通过一定的数学变化方式，将原始数据进行趋同化和标准化处理，达到统一的比较标准，从而保证结果的可靠性。物流能力统计指标体系中各能力指标数据自身的量纲不同，因此统计数据存在较大差异。在统计分析评价之前，需要对原始数据进行无量纲化处理，以消除这种影响。

设 m 为评价方案数，n 为指标数，则观测样本矩阵为

$$X = \begin{bmatrix} x_{11} & x_{12} & \cdots & x_{1n} \\ x_{21} & x_{22} & \cdots & x_{2n} \\ \cdots & \cdots & \cdots & \cdots \\ x_{m1} & x_{m2} & \cdots & x_{mn} \end{bmatrix}$$

对上述样本矩阵 X 进行标准化处理，令

$$Y_{ij} = \frac{X_{ij} - \overline{X_j}}{S_j} \qquad (9-3)$$

式中：X_{ij}——第 i 个方案第 j 个指标的数值；

$\overline{X_j}$——第 j 个指标的平均数，$\overline{X_j} = \frac{1}{m} \sum\limits_{i=1}^{m} X_{ij}$；

S_j——第 j 个指标的标准差；

Y_{ij}——标准化的矩阵。

$$S_j = \frac{1}{m-1} \sum_{i=1}^{m} (X_{ij} - \overline{X_j})^2 \qquad (9-4)$$

通过上面处理后，可以得到原始数据的标准化矩阵 Y。

（二）计算相关系数矩阵

设 r_{kj} 为该标准化处理之后指标 k 与指标 j 之间的相关系数，则

$$r_{kj} = \frac{\sum\limits_{i=1}^{m} y_{ik} y_{ij}}{m-1} (k,j = 1,2,\cdots,n) \qquad (9-5)$$

式中：$r_{kj} = r_{jk}$，当 $k = j$，$r_{kj} = 1$。

通过上面公式逐一计算后，得出相关系数矩阵为

$$R = \begin{bmatrix} r_{11} & r_{12} & \cdots & r_{1n} \\ r_{21} & r_{22} & \cdots & r_{2n} \\ \cdots & \cdots & \cdots & \cdots \\ r_{m1} & r_{m2} & \cdots & r_{mn} \end{bmatrix}$$

（三）提取公共因子

根据各年数据，进行因子浓缩，求出 R 的特征值，有

$$|R - \lambda E| = 0 \qquad (9-6)$$

式中：λ——R 的特征值；

E——单位矩阵。

根据式（9-6）求得 n 个特征值，通过求出的特征值确定对应的特征向量和因子贡献率。假设 α_t 为第 t 个因子的贡献率，则有

$$\alpha_t = \frac{\lambda_t}{\sum_{i=1}^{p} \lambda_t} \qquad\qquad (9-7)$$

α_t 是因子权数，反映第 t 个因子所含原始数据的信息量。一般来说，因子个数等于原始能力指标个数。但如果原始能力指标个数较多，进行综合分析时相对复杂，并且不能凸显个别能力指标的重要性。利用物流能力分析模型进行计算，希望选取尽量少的 k（$k < p$）个成分来代表尽量多的能力指标。因此，通常选定一个临界值，使选取的前 k 个因子满足

$$\frac{\sum_{i=1}^{k} \lambda_t}{\sum_{i=1}^{p} \lambda_t} \geqslant \mu \qquad\qquad (9-8)$$

式（9-8）中通常选取 $\mu = 0.85$，则可以认为前 k 个因子基本保留了原始能力指标体系的信息，这样因子的个数可以由 p 个减少为 k 个，起到了筛选原始能力指标的作用。

（四）计算因子得分

假设特征值对应的特征向量为 $\boldsymbol{L}_t = (l_{t1}, l_{t2}, \cdots, l_{tn})^{\mathrm{T}}, t = 1, 2, \cdots, p$。则标准化后的能力指标转换为因子，即

$$\boldsymbol{F}_t = \boldsymbol{L}_t \boldsymbol{Z} = l_{t1} y_1 + l_{t2} y_2 + \cdots + l_{tn} y_n, t = 1, 2, \cdots, p \qquad (9-9)$$

式（9-9）中，$y_1, y_2, \cdots, y_n$ 为 $\boldsymbol{Y}$ 矩阵中第 $1, 2, \cdots, n$ 列的各项标准化指标值。F_1 为第一主因子，F_2 为第二主因子，以此类推。

利用式（9-5）确定前 k 个互不相关的主因子，求其加权值 F_t，以每个主因子的方差贡献率 $\alpha_t = \dfrac{\lambda_t}{\sum_{i=1}^{p} \lambda_t}$ 为权数，对 k 个主因子进行加权求和，即得最终评价值 F，即

$$F = \sum_{i=1}^{k} a_t F_t \qquad\qquad (9-10)$$

对最终评价值 F 进行比较，F 值较大的即物流能力排名靠前，反之，则物流能力排名靠后。

物流能力分析模型利用降维的思想，将众多的具有相关性的统计指标重新聚合成一组个数少、相关性小的指标。这些新的综合指标（因子）可以表

示原有能力指标的主要信息，但因子间并不相关，可以直观清晰地反映物流能力状况。相比其他方法其显著优点一是克服了原始统计指标间的关联性，减少了统计分析过程中信息的重叠，统计分析过程与效果更为简洁、科学；二是由于各因子权数由其贡献率决定，避免了主观赋值带来的偏差。仓库物流能力分析涉及的统计指标较多且单位各异，选用物流能力分析模型进行客观赋权分析，得到的结果优且科学。

三、物流能力评价模型

物流能力评价模型是使用层次分析方法，按照能力指标之间的相对重要程度合理地给出指标权重，最后利用权重得到不同时期物流能力状况水平的模型计算方法。可用于指标相关性不强、结构不明显的区域物流能力的统计分析。具体步骤如下。

（一）建立递阶层次结构模型

运用层次分析法进行物流能力分析，首先要将所包含的因素分组，每一组作为一个层次，把问题条理化、层次化。将评价目标、评价指标和评价对象按照相互关系，分为方案层、准则层和目标层。

（二）构造判断矩阵

层次分析法在确定因素之间的权重时，不是把所有因素放在一起比较，而是两两相互比较。在比较过程中，采用相对尺度，即使用 1~9 比例标度法，如表 9-1 所示。

表 9-1　　　　　　　　　　判断矩阵的标度

标　度	含　义
1	表示两个因素相比，这两个因素具有同样重要性
3	表示两个因素相比，其中一个因素比另一个因素稍微重要
5	表示两个因素相比，其中一个因素比另一个因素明显重要
7	表示两个因素相比，其中一个因素比另一个因素非常重要
9	表示两个因素相比，其中一个因素比另一个因素极端重要
2，4，6，8	上述两个相邻判断的中间值
倒数	如果因素 i 与 j 比较判断的结果为 a_{ij}，则因素 j 与 i 比较判断的结果为 $a_{ji} = 1/a_{ij}$

用数值表示不同层次各因素之间的相对重要性，这些数值就构成了表示相互权重的判断矩阵。假定 B 层中的因素 B_k 与下一层次中因素 A_1，A_2，$\cdots$，A_n 有联系，构造判断矩阵如表 9-2 所示。

表 9-2　　　　　　　　　　判断矩阵的一般形式

B_k	A_1	A_2	$\cdots$	A_n
A_1	a_{11}	a_{12}	$\cdots$	a_{1n}
A_2	a_{21}	a_{22}	$\cdots$	a_{2n}
$\cdots$	$\cdots$	$\cdots$	$\cdots$	$\cdots$
A_n	a_{n1}	a_{n2}	$\cdots$	a_{nn}

（三）判断矩阵的一致性检验

在建立判断矩阵的基础上，计算在 B_k 准则下 n 个元素 A_1，A_2，$\cdots$，A_n 的排序权重，并进行一致性检验（Consistency Index，C. I.）。具体就是求判断矩阵 A 的最大特征值 λ_{max}，n 为矩阵的阶数，当且仅当 $\lambda_{max} = n$，则 A 为一致性矩阵。因此，可以得到式（9-11）为

$$C.\,I. = \frac{\lambda_{max} - n}{n - 1} = \begin{cases} = 0 \\ > 0.\,1 \\ \leqslant 0.\,1 \end{cases} \qquad (9-11)$$

其中，等于 0 表示前后判断具有完全一致性；大于 0.1 表示前后判断有偏差，不连贯；小于等于 0.1 表示前后虽不完全一致，但为可接受的偏差。

下一步，用平均随机一致性指标 R. I. 测量 C. I. 的大小。平均随机一致性指标是多次重复进行随机判断矩阵特征值的计算之后取算数平均数得到的值。R. I. 的标准值如表 9-3 所示。

表 9-3　　　　　　　　　　R. I. 标准值

阶数	1	2	3	4	5	6	7	8	9	10
R. I.	0	0	0.58	0.9	1.12	1.24	1.32	1.41	1.45	1.49

最后，计算一致性比率（Consistency Ratio，C. R.），以检验判断矩阵的

一致性是否在可接受的范围内，即

$$C.R. = \frac{C.I.}{R.I.} \tag{9-12}$$

当 $C.R. \leqslant 0.1$ 时，一般认为判断矩阵的一致性是可以接受的，其最大特征根所对应的特征向量归一化处理后可以作为权向量，否则，检验不通过。

（四）层次总排序

通过判断矩阵求出方案层相对于准则层的权重和准则层相对于目标层的权重，把这两层权重组合起来，就构成了方案层相对于目标层的权重。得到的方案层的权重就是指标权重。

（五）综合评价

由于各指标的量纲不一致，首先要对指标原始数据进行标准化处理。然后将各指标的权重和标准化后的数据值加权平均求和，得到综合评价结果。

物流能力评价模型相比其他方法，具有以下优势：一是物流能力评价模型能够清晰地反映出物流能力指标的彼此关系，这与集成能力指标思路是一致的；二是通过定性与定量分析确定区域物流能力水平的变化趋势，这也正是进行物流能力统计的目的；三是区域物流统计较为复杂，涉及指标及其相关数据较多，人为计算烦琐，而物流能力评价模型原理简单，通过使用计算机相关程序，计算过程更加简单快速；四是通过数学原理计算分析的结果使物流能力评价模型更为准确。同时，物流能力评价模型吸收统计人员或专家的阅历经验，具有智慧判断能力，从而使得决策建立在更扎实的基础上。

第二节　物流能力统计实证分析

一、物流能力生成实证

由于物流能力生成模型中，物流能力生成和基础要素投入是非线性关系，需要收集大量历史数据验证参数估计的正确性，以确定生成和投入的数量关系。由于调研、写作时间限制和非线性模型处理的技术性困难，再加上历史物流数据缺失较为严重，难以收集到大量可用于验证参数估计的数据，因此，本书尚不具备对物流能力生成模型进行实证研究的现实基础，有待今后深入研究。

二、物流能力分析实证——以仓库为例

（一）背景分析

统计调查的对象是 A、B、C、D、E 共 5 个仓库。近年来，随着仓库设施信息化机械化的建设进程，5 个仓库得到不同程度的升级改造。仓库储存条件、储管能力、收发能力、安防条件等得到较大改善。仓库均采用油料信息管理平台进行收发作业，库房基本实现信息化机械化收发作业。

（二）仓库物流统计指标确定

根据仓库物流作业的特点，对 5 个仓库物流能力水平的高低进行统计调查。按照前文物流能力统计指标体系以及具体指标的释义，设计出仓库物流统计指标体系，具体为 8 个一级指标，21 个二级指标和 76 个三级指标，并将其设计成统计调查表（见附录 4）。要求统计调查表由仓库业务处助理员和油料统计员共同完成。

在收回的统计调查表中有的项目为空缺，但是这些项目的值不会是 0，可能是因为受访者漏填，也可能是因为受访者不好决定，所以出现了空白项。这些数据必须予以处理，可以通过逻辑判断法或电话调查方式补全。

（三）物流能力分析模型应用步骤

由于分析仓库物流能力时建立的指标数量多且指标之间线性相关，使得分析评价方法，特别是很多定量方法的应用面临着很大的困难，甚至无法应用。考虑到物流能力分析模型通过变量变换的方法能够把相关的能力指标变为若干不相关的因子这一特点，在进行仓库物流能力分析时显示出极强的应用价值。这里的因子是通过变换后所找到的线性无关的变量，使得分析仓库物流能力时切断了相关的干扰，能够做出更准确的估量。本节尝试应用物流能力分析模型对仓库物流能力状况进行分析。对仓库物流能力的分析有以下几个步骤。

1. 确定能力指标体系

在实际统计分析的时候，依据前文统计指标选取的理论和每个指标自身的特点，采用问卷调查法进一步确定仓库物流能力指标体系，如图 9－1 所示。

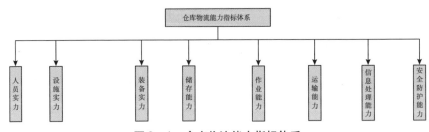

图 9－1　仓库物流能力指标体系

2. 能力指标量化

能力指标大部分是量化指标，可以用统计数据直接表示。一级指标只有人员实力和安全防护能力的量化比较特殊，由于人员实力相比其他一级指标对仓库物流能力影响权重较小，其 3 个二级指标下列有 12 个三级指标，指标量多而重要性程度不够，所以在实际量化时，要根据 12 个三级指标统计数据制定相应的评价标准，然后由专家将统计数据与评价标准进行对比，对 3 个二级指标打出分数，得到 3 个二级指标的定量值。同理，一级指标安全防护能力的 4 个二级指标大部分是定性指标，很难用数值直接表示，也要由专家将统计数据与评价标准进行对比，从而对 4 个二级指标打出分数进行量化。

3. 数据标准化

在仓库物流能力指标体系中，各能力指标的意义彼此不同，表现形式也不一样，使得能力指标彼此之间不具有可比性。能力指标标准化处理就是按照前文中物流能力分析模型的标准化公式来消除能力指标量纲影响，即把性质各异的能力指标实测值转化为具有可比性的标准化值。借用 SPSS 软件，对原始数据进行标准化处理，标准化处理后的数据如表 9－4 所示。

表 9－4　　　　　　　　　标准化处理后的数据

指标	A	B	C	D	E
结构状况	－0.73	1.095	0.487	0.487	－1.339
专业素质	－0.462	－1.511	0.378	0.588	1.007

指标	A	B	C	D	E
训练状况	− 0.598	1.228	− 0.1	0.73	− 1.261
仓库数量	− 0.509	0.647	− 1.202	1.341	− 0.277
地面库面积	1.535	0.027	− 0.654	0.18	− 1.088
油罐容量	0.314	0.29	− 0.513	1.287	− 1.378
铁路专用线里程数	− 0.463	− 0.285	− 0.485	− 0.547	1.78
单鹤管流速	0.73	0.122	0.73	− 1.704	0.122
零发油棚车位	− 0.122	1.704	− 0.122	− 0.73	− 0.73
铁路装卸设施数量	0.75	1.341	− 0.434	− 0.631	− 1.026
运输工具数量	− 0.55	1.59	− 0.856	0.367	− 0.55
运输工具运载能力	− 0.492	1.711	− 0.816	0.003	− 0.406
仓库库容量	− 0.873	− 0.528	0.744	1.375	− 0.718
油罐容积利用率	1.575	0.427	− 66	− 68.30	− 66
平均库存量	1.745	− 0.349	− 0.574	− 0.122	− 0.699
仓库吞吐量	− 0.563	1.767	− 0.2	− 0.589	− 0.416
平均收发时间	− 0.906	− 0.906	1.499	0.334	− 0.02
昼夜最大收发油量	0.499	− 0.039	− 0.936	1.413	− 0.936
紧急收油速度	− 1.181	− 0.324	− 0.038	− 0.038	1.581
紧急发油速度	− 0.708	− 0.773	1.149	− 0.708	1.04
货运量	− 0.481	1.766	− 0.423	− 0.206	− 0.655
运距	− 0.542	1.711	− 0.344	− 0.014	− 0.812
运输速度	− 0.487	1.339	− 1.095	0.73	− 0.487
昼夜最大运输量	1.59	0.328	− 0.934	− 0.555	− 0.429
业务工作信息化程度	107	− 85	− 121	81	19
日信息处理量	1.517	− 0.196	− 1.175	0.294	− 0.44
平均信息处理时间	− 0.695	1.477	0.174	− 1.129	0.174
紧急抢险能力	− 0.252	− 0.252	− 1.301	1.427	0.378

指标	A	B	C	D	E
仓库防护等级	−1.789	0.447	0.447	0.447	0.447
主体工程防护能力	−1.228	−0.351	−0.351	1.403	0.526
库区安全防卫能力	−1.398	−0.551	0.932	0.932	0.085

4. 求解主因子

利用 SPSS 进行因子分析，提取主因子。具体计算方法即

$$Z_{ij} = \frac{a_{ij}}{\lambda_j} \tag{9-13}$$

根据上面分析，利用 SPSS 软件进行"降维"—"因子分析"，得到各个因子方差贡献率，如表 9-5 所示。

表 9-5　　　　　　　　因子方差贡献率

成分	初始特征值			提取平方和载入		
	特征值	方差贡献率（%）	累积方差贡献率（%）	提取特征值	方差贡献率（%）	累积方差贡献率（%）
1	12.068	38.929	38.929	12.068	38.929	38.929
2	8.791	28.358	67.287	8.791	28.358	67.287
3	6.849	22.094	89.380	6.849	22.094	89.380
4	3.292	10.620	100.000	3.292	10.620	100.000
5	8.664E−16	2.795E−15	100.000	—	—	—
6	7.416E−16	2.392E−15	100.000	—	—	—
7	6.158E−16	1.986E−15	100.000	—	—	—
8	5.533E−16	1.785E−15	100.000	—	—	—
9	3.800E−16	1.226E−15	100.000	—	—	—
10	3.589E−16	1.158E−15	100.000	—	—	—
11	3.279E−16	1.058E−15	100.000	—	—	—
12	2.239E−16	7.221E−16	100.000	—	—	—
13	1.686E−16	5.438E−16	100.000	—	—	—

续 表

成分	初始特征值			提取平方和载入		
	特征值	方差贡献率（%）	累积方差贡献率（%）	提取特征值	方差贡献率（%）	累积方差贡献率（%）
14	1.301E－16	4.198E－16	100.000	—	—	—
15	5.170E－17	1.668E－16	100.000	—	—	—
16	1.712E－17	－5.527E－17	100.000	—	—	—
17	－6.244E－18	－2.014E－17	100.000	—	—	—
18	－1.619E－17	－5.222E－17	100.000	—	—	—
19	－7.012E－17	－2.262E－16	100.000	—	—	—
20	－8.904E－17	－2.872E－16	100.000	—	—	—
21	－1.468E－16	－4.735E－16	100.000	—	—	—
22	－1.655E－16	－5.339E－16	100.000	—	—	—
23	－1.874E－16	－6.047E－16	100.000	—	—	—
24	－2.244E－16	－7.240E－16	100.000	—	—	—
25	－2.643E－16	－8.527E－16	100.000	—	—	—
26	－3.379E－16	－1.090E－15	100.000	—	—	—
27	－4.047E－16	－1.306E－15	100.000	—	—	—
28	－4.365E－16	－1.408E－15	100.000	—	—	—
29	－4.908E－16	－1.583E－15	100.000	—	—	—
30	－4.971E－16	－1.603E－15	100.000	—	—	—
31	－7.667E－16	－2.473E－15	100.000	—	—	—

根据表9－6可知，前四个因子的方差贡献率分别为38.929%、28.358%、22.094%、10.620%，累计贡献率为100%，即该四个因子已经可以完全表达所有31个原始指标所包含的相关信息，所以根据方差贡献信息，提取前四个因子即主因子（见表9－6）。

表9-6 因子矩阵

指标	因子			
	F_1	F_2	F_3	F_4
结构状况	0.513	0.671	0.074	-0.53
专业素质	-0.93	-0.08	0.348	0.082
训练状况	0.675	0.623	0.253	-0.305
仓库数量	0.448	0.411	0.718	0.338
地面库面积	0.669	-0.661	0.26	-0.217
油罐容量	0.611	0.044	0.712	-0.342
铁路专用线里程数	-0.543	0.01	-0.251	0.801
单鹤管流速	-0.015	-0.398	-0.904	-0.156
零发油棚车位	0.78	0.374	-0.501	-0.029
铁路装卸设施数量	0.934	-0.09	-0.332	-0.093
运输工具数量	0.768	0.58	0.111	0.248
运输工具运载能力	0.774	0.547	-0.086	0.307
仓库库容量	-0.279	0.456	0.62	-0.575
油罐容积利用率	0.702	-0.68	-0.212	0.004
平均库存量	0.457	-0.868	0.139	-0.137
仓库吞吐量	0.664	0.579	-0.457	0.124
平均收发时间	-0.745	0.326	0.039	-0.581
昼夜最大收发油量	0.495	-0.137	0.854	-0.084
紧急收油速度	-0.707	0.395	-0.077	0.581
紧急发油速度	-0.876	0.124	-0.464	-0.045
货运量	0.783	0.569	-0.233	0.098
运距	0.78	0.61	-0.141	0.006
运输速度	0.723	0.512	0.343	0.313
昼夜最大运输量	0.664	-0.721	-0.113	0.163
业务工作信息化程度	0.067	-0.665	0.665	0.333
日信息处理量	0.522	-0.745	0.381	0.164
平均信息处理时间	0.315	0.534	-0.758	0.202
紧急抢险能力	0.029	0.085	0.856	0.508
仓库防护等级	-0.339	0.936	0.03	0.091

指标	因子			
	F_1	F_2	F_3	F_4
主体工程防护能力	− 0.387	0.546	0.695	0.263
库区安全防卫能力	− 0.619	0.631	0.338	− 0.324

根据式（9 - 9），确定 4 个主因子对应指标特征向量。如表 9 - 7 所示。

表 9 - 7　　　　　　　　　主因子对应指标特征向量

指标	F_1 特征向量	F_2 特征向量	F_3 特征向量	F_4 特征向量
结构状况	0.148	0.226	0.028	− 0.292
专业素质	− 0.268	− 0.027	0.133	0.045
训练状况	0.194	0.21	0.097	− 0.168
仓库数量	0.129	0.139	0.274	0.186
地面库面积	0.193	− 0.223	0.099	− 0.12
油罐容量	0.176	0.015	0.272	− 0.189
铁路专用线里程数	− 0.156	0.003	− 0.096	0.442
单鹤管流速	− 0.004	− 0.134	− 0.345	− 0.086
零发油棚车位	0.225	0.126	− 0.191	− 0.016
铁路装卸设施数量	0.269	− 0.03	− 0.127	− 0.051
运输工具数量	0.221	0.196	0.042	0.136
运输工具运载能力	0.223	0.185	− 0.033	0.169
仓库库容量	− 0.08	0.154	0.237	− 0.317
油罐容积利用率	0.202	− 0.229	− 0.081	0.002
平均库存量	0.131	− 0.293	0.053	− 0.076
仓库吞吐量	0.191	0.195	− 0.175	0.068
平均收发时间	− 0.214	0.11	0.015	− 0.32
昼夜最大收发油量	0.142	− 0.046	0.326	− 0.046
紧急收油速度	− 0.204	0.133	− 0.029	0.32
紧急发油速度	− 0.252	0.042	− 0.177	− 0.025
货运量	0.225	0.192	− 0.089	0.054
运距	0.224	0.206	− 0.054	0.003
运输速度	0.208	0.173	0.131	0.172

指标	F_1特征向量	F_2特征向量	F_3特征向量	F_4特征向量
昼夜最大运输量	0.191	− 0.243	− 0.043	0.09
业务工作信息化程度	0.019	− 0.224	0.254	0.184
日信息处理量	0.15	− 0.251	0.146	0.09
平均信息处理时间	0.091	0.18	− 0.29	0.111
紧急抢险能力	0.008	0.029	0.327	0.28
仓库防护等级	− 0.098	0.316	0.011	0.05
主体工程防护能力	− 0.111	0.184	0.266	0.145
库区安全防卫能力	− 0.178	0.213	0.129	− 0.178

根据式（9 - 9）确定 4 个主因子分别为

$$F_1 = 0.148X_1 - 0.268X_2 + 0.194X_3 + \cdots - 0.178X_n$$

$$F_2 = 0.226X_1 - 0.027X_2 + 0.21X_3 + \cdots + 0.213X_n$$

$$F_3 = 0.028X_1 + 0.133X_2 + 0.097X_3 + \cdots + 0.129X_n$$

$$F_4 = 0.292X_1 + 0.045X_2 - 0.168X_3 + \cdots - 0.178X_n$$

根据分析结果中的因子矩阵中各个能力指标对应的系数值的绝对值大小，可知每个主因子由一组特定原始能力指标起主要作用（各主因子中，正号代表该指标信息与主因子整体代表的信息正相关，负号代表该指标信息与主因子整体代表的信息负相关）。

根据式（9 - 10）对上面 5 个仓库进行综合分析，其分析结果如表 9 - 8所示。

表 9 - 8　　　　　　　　　样本仓库物流能力分析结果

仓库	F_1	F_2	F_3	F_4	综合得分	排名
A	2.1068	− 4.9633	− 0.1386	− 0.2934	− 0.6491	3
B	4.6373	2.8153	− 1.6633	0.6128	2.3012	1
C	− 2.8476	0.9955	− 1.8353	− 2.5122	− 1.4985	5
D	− 0.1318	1.2658	4.5214	− 0.3159	1.273	2
E	− 3.7645	− 0.1139	− 0.8844	2.5084	− 1.4268	4
权值	0.38929	0.283581	0.220935	0.106194	—	

（四）结果分析

根据表 9 - 8 可知，应用物流能力分析模型可以对仓库物流能力进行科学合理的分析，5 个样本仓库的物流能力排序为 B > D > A > E > C。具体情况如下。

1. B 仓库

第一、第二、第四主因子 F 值均为正数值，仅在第三主因子 F_3 为负数值，在第一、第二主因子起主要作用的情况下，5 个仓库中 B 仓库物流能力最强。

第三主因子 F_3 为负数值，主要是在平均信息处理时间、业务工作信息化程度、零发油棚车位、仓库吞吐量、专业素质、货运量、仓库库容量等指标上加权得分较低所致。说明 B 仓库作业能力以及储存能力水平不高，信息化设施设备的利用率有待进一步提高，需要通过培训和训练进一步提高物流人员的专业素质。

2. C 仓库

第一、第三、第四主因子 F 值均为负数值，仅有第二主因子 F_2 为正数值，在第一、第二主因子起主要作用的情况下，5 个仓库中 C 仓库物流能力最弱。

第二主因子 F_2 值评分较高，主要是在结构状况、地面库面积、仓库库容量、油罐容积利用率、平均库存量、平均收发时间、昼夜最大运输量、业务工作信息化程度、日信息处理量、仓库防护等级、库区安全防卫能力等指标上加权得分较高所致。相比 A 仓库和 B 仓库，C 仓库作业能力、运输能力以及信息处理能力是弱项，有待进一步提高。C 仓库物流能力落后，由于其保障的用户不是重点战略方向的力量，保障任务量相对较少，从而也不是重点投入建设的仓库。

3. D 仓库

第二、第三主因子 F 值均为正数值，在第一、第四主因子 F 值为负数值，相比于 A 仓库、E 仓库、C 仓库在三个主因子上评分为负数值，D 仓库综合分析在 5 个仓库中排在 A 仓库、E 仓库、C 仓库之前。

第二主因子 F_2 值为正数值，主要是在结构状况、训练状况、仓库数量、单鹤管流速、仓库库容量、油罐容积利用率、运输速度、昼夜最大运输量、仓库防护等级、主体工程防护能力、库区安全防卫能力等指标上加权得分较高所致。说明 D 仓库安全防护能力、紧急运输能力、储存能力相比 A 仓库、E 仓库、C 仓库较强，可以通过提高人员专业素质、改造升级仓库设施设备提高 D 仓库的信息处理能力和作业能力。

4. A 仓库

A 仓库、E 仓库、C 仓库均在三个主因子 F 值为负数值，区别在于 A 仓库在第一主因子 F_1 为正数值，C 仓库在第二主因子 F_2 值为正数值，E 仓库在第四主因子 F_4 为正数值，由于第一、第二、第三、第四主因子贡献率逐渐递减，所以，综合评价值 A 仓库排名较靠前。尽管 C 仓库在第二主因子 F_2 为正数，但由于 E 仓库在其他主成分上失分较少，比较均衡，所以排名较 C 仓库靠前。

A 仓库第一主因子 F_1 为正数值，主要是在专业素质、地面库面积、油罐容积利用率、平均库存量、平均收发时间、紧急收油速度、紧急发油速度、昼夜最大运输量、仓库防护等级、主体工程防护能力、库区安全防卫能力等指标上加权得分较好所致。说明 A 仓库的储存能力、作业能力、运输能力和安全防护能力比 E 仓库和 C 仓库要强，信息处理能力的短板导致其物流能力整体水平不高。

5. E 仓库

E 仓库在第四主因子 F_4 为正数值，主要是在结构状况、训练状况、地面库面积、油罐容量、铁路专用线里程数、仓库库容量、紧急收油速度、紧急抢险能力等指标上加权得分较好所致。说明 E 仓库尽管具有较高的储存能力和作业能力，物流人员素质也比较高，但由于其运输能力和信息处理能力方面有明显的弱项和短板，制约着整个仓库物流能力的提升。

三、物流能力评价实证——以区域某类物资为例

（一）区域物流能力评价思路

区域物流能力是由关键物资的物流能力所决定的，这些关键物资是需求量、消耗量最大的物资。因此，在对区域物流能力进行分析评价时，首先要统计分析关键物资的物流能力，进而合成计算得出区域物流能力。考虑到区域物流能力统计评价的复杂性以及统计评价方法的通用与普适性，这里以某类物资为例进行统计分析。

（二）物流能力评价模型应用步骤

1. 建立递阶层次结构

通过物流能力生成分析，区域物流能力具体表现为区域的集成能力，所以选用集成能力指标应用于区域物流的统计评价。影响区域物流能力的一级指标有物流流通能力、精确保障能力、快速响应能力、柔性能力和防护再生能力，二级指标有节点流通量、线路运输量、综合差错率、综合毁损率、平均满意度、用户等待时间、订单延迟率、物资活性、运输柔性、地方物流发达程度、仓库防护能力和交通线抢修能力等指标，根据指标之间的相互支配关系，建立递阶层次结构如图9－2所示。

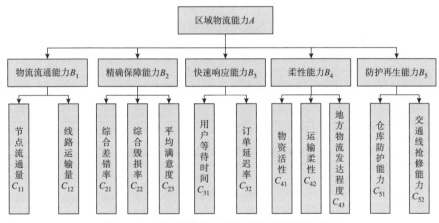

图9－2　区域物流能力评价指标递阶层次结构

2. 构造判断矩阵并求解指标相对权重

按照图9－2所示的区域物流能力评价指标递阶层次结构，构造中间层判断矩阵，如表9－9所示。

表9－9　　　　　　　　　　中间层判断矩阵及其相应权重

A	B_1	B_2	B_3	B_4	B_5
B_1	1	1/2	1/3	1	1
B_2	2	1	1/2	2	2
B_3	3	2	1	4	3
B_4	1	1/2	1/4	1	2
B_5	1	1/2	1/3	1/2	1

用求根法求解判断矩阵的最大特征根，以及最大特征根对应的特征向量，并对其进行一致性检验。

其中最大特征根 $\lambda_{max} = 5.088$，最大特征根所对应的特征向量为 $W = (w_1, w_2, w_3, w_4, w_5) = (0.122, 0.23, 0.41, 0.132, 0.106)$。对其进行一致性检验，计算得出 $C.I. = 0.022$，通过查表得到 $C.R. = 0.02$，可见 $C.R. < 0.1$，说明通过一致性检验，第二层指标相对上层指标的权重为

$$W = (w_1, w_2, w_3, w_4, w_5) = (0.122, 0.23, 0.41, 0.132, 0.106)$$

$$(9-14)$$

同理，构造目标层各指标相对于准则层的判断矩阵，用两两比较的方法计算出目标层各指标的相对权重。如表9-10、表9-11、表9-12、表9-13和表9-14所示。

表9-10 流通能力子指标判断矩阵及权重

B_1	C_{11}	C_{12}	W
C_{11}	1	0.5	0.33
C_{12}	2	1	0.67

表9-11 精确保障能力子指标判断矩阵及权重

B_2	C_{21}	C_{22}	C_{23}	$C.I. = 0.009$	W
C_{21}	1	1/2	3	$R.I. = 0.580$	0.210
C_{22}	2	1	3	$C.R. = 0.016$	0.240
C_{23}	1/3	1/3	1	一致性检验通过	0.550

表9-12 快速响应能力子指标判断矩阵及权重

B_3	C_{31}	C_{32}	W
C_{31}	1	1	0.50
C_{32}	1	1	0.50

表9-13 柔性能力子指标判断矩阵及权重

B_4	C_{41}	C_{42}	C_{43}	$C.I. = 0.027$	W
C_{41}	1	1/2	3	$R.I. = 0.580$	0.333
C_{42}	2	1	3	$C.R. = 0.047$	0.528
C_{43}	1/3	1/3	1	一致性检验通过	0.140

表9-14 防护再生能力子指标判断矩阵及权重

B_5	C_{51}	C_{52}	W
C_{51}	1	2	0.667
C_{52}	1/2	1	0.333

3. 计算底层指标总权重

计算目标层各指标相对于方案层区域物流能力的总权重，如表9-15所示。

表9-15 目标层判断矩阵及总权重

C \ B	B_1 (0.122)	B_2 (0.230)	B_3 (0.410)	B_4 (0.132)	B_5 (0.106)	W_{ij} $W_{ij} = WC_{ij} \times WB_i$
C_{11}	0.333	0	0	0	0	0.041
C_{12}	0.667	0	0	0	0	0.081
C_{21}	0	0.210	0	0	0	0.048
C_{22}	0	0.240	0	0	0	0.055
C_{23}	0	0.550	0	0	0	0.126
C_{31}	0	0	0.50	0	0	0.205
C_{32}	0	0	0.50	0	0	0.205
C_{41}	0	0	0	0.333	0	0.044
C_{42}	0	0	0	0.528	0	0.070
C_{43}	0	0	0	0.140	0	0.018
C_{51}	0	0	0	0	0.667	0.071
C_{52}	0	0	0	0	0.333	0.035

4. 区域物流统计与能力评价

由于调研的时间和范围有限，加之数据保密程度高，区域物流能力统计评价例证的背景缩小为以 A、B、C、D、E 共5个仓库辐射区域内的物流能力指标数据为统计内容。假设在这一区域有 A、B、C、D、E 共5个仓库，经过统计调查和计算收集整理得到区域2014年、2015年和2016年的集成能力指标数据。其中，物资活性指标用靠前预置物资比例直接表示，运输柔性指标用综合运输线路密度直接表示。仓库防护能力和交通线抢修能力是根据5个仓库的相关统计数据由专家打分得出。

已知各指标的权重和各指标的统计数据值，评价区域物流能力只需对各指标进行综合求和即可。考虑到各指标的量纲不一致，并且各指标有正向指标，如节点流通量和线路运输量等，指标值越大，物流能力越大；同样也有负向指标，指标值越大，物流能力越小，如综合差错率、综合毁损率等。因此需要对其进行标准化处理后再计算加权综合值。标准化处理后计算结果如表9–16所示。

表9–16   区域物流统计计算结果

统计指标	权重	2014 年	2015 年	2016 年
节点流通量（吨）	0.041	0	0.411	1
线路运输量（吨）	0.081	0	0.245	1
综合差错率（%）	0.048	0	1	0.444
综合毁损率（%）	0.055	0	1	0.7
平均满意度（%）	0.126	0.286	0	1
用户等待时间（天）	0.205	0	0.5	1
订单延迟率（%）	0.205	0.6	0	1
靠前预置物资比例（%）	0.044	0	0.75	1
线路密度（公里/万平方公里）	0.070	0	0.313	1
地区物流景气指数（%）	0.018	0	1	0.139
仓库防护能力	0.071	0	0.667	1
交通线抢修能力	0.035	0	0.444	1
综合评价结果		0.160	0.378	0.814

5. 结果分析

应用物流能力评价模型对区域物流能力进行了统计分析评价，得出的统计评价结果（见图9–3）是0~1的相对值，能够较好地反映该区域2014—2016年物流能力综合保障的变化情况。以2014年各指标的数据为基准，则2015年物流能力增长136.25%；同样2016年较2015年增长115.34%。统计结果充分表明，随着仓库基础设施设备升级改造、仓库功能定位的转型重塑，以及国家物流发展战略带动交通设施建设和物流经济的高度发展，这些因素的作用逐步显现，使得区域基础设施建设、物资流通能力、快速响应能力、满意度等指标的加速提升，区域物流能力近似呈指数级增长。

通过前面的实证分析，也充分说明了物流能力评价模型在区域物流能力统计评价上的适应性。

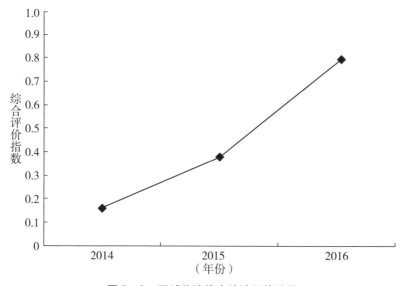

图 9 - 3　区域物流能力统计评价结果

第十章　推进物流能力统计的对策措施

物流能力统计的有效开展要以需求为牵引，重点着眼保障力提升，理顺各专业部门和各个层次之间的关系，协调各方物流资源的衔接和融合，统筹建设统计组织体系、标准体系、指标体系、方法体系和信息体系。这一过程涉及面广、政策性强、技术难度高，关系和利益错综复杂。为此，必须找准统计工作的关键节点，科学统筹和规划物流能力统计体系的建设。本章从树立新时代的物流能力统计理念、加快物流能力统计制度建设、创新物流能力统计方法手段、加快物流能力统计人才培训等方面提出推进物流能力统计的措施建议，为全面提升军队物流综合保障能力、推进物流统计工作提供有力支撑。

第一节　提高认识，树立新时代的统计理念

任何事物的先进性，从根本上说，都取决于理念的先进性和科学性。树立新的物流能力统计理念，就要认真审视历史发展，对物流能力统计进行科学认识并形成新理念。因此，有效开展物流能力统计，必须更新理念，自觉摒弃思想僵化、视野狭窄、因循守旧等传统理念，用与时俱进的理念探索新时代物流能力统计的特点规律，以新思想、新办法解决新问题。要克服静止的、近视的思想观念，提倡动态、创新发展的统计观。

一、树立"科学管理"的统计理念

物流系统为实现精准物资保障的效果，提升物流能力，需要用"统计数据"认识物流建设和发展中的问题，对物流运作过程有更为精确的度量和把握。可以说，统计是实现后勤科学管理的重要途径，因此，要牢固执行科学

管理的统计理念，用科学管理的先进理念指导物流能力统计工作的有效开展。

物流能力统计要着重在以下三个方面体现科学管理理念。一是树立后勤科学管理的大局观，就是要着眼全局、整体谋划，改变以往落后的统计思维定式，以统计数据探求科学管理的规律，把开展统计工作统一到提升后勤保障力的总目标、总战略上。二是确立把顶层设计贯穿科学管理全过程的理念，注重系统性和有序性，对统计涉及的部门和人员开展经常性的调研，听取意见，提高统计的可操作性，解决统计工作动力不足等问题。具体设计时，要突破利益固化的局限，打破思想观念障碍，认真分析、学习、借鉴地方统计部门和统计制度的先进做法，去粗取精、去伪存真，以提高顶层设计的科学性。同时要明确路线图和时间表，选取典型区域，试点探索，循序渐进地开展统计工作。三是树立科学管理的法制观。物流能力统计工作只有纳入法制化、标准化的轨道，才会减少各个层次、部门、单位对统计工作和统计数据可靠性的质疑，提高物流统计数据的权威性和公信力。为实现统计各单位和各部门统一认识、行动一致，在确定需求、统计设计、任务部署、数据采集、数据处理、数据发布、统计分析、整理归档以及评估应用等各个环节都要有明确的法律法规和约束标准。要体现统计过程中的科学控制理念，突出统计全要素科学管理的要求，正确地引导和促进物流能力统计工作的有效开展。

二、树立"主动服务"的统计理念

主动服务、靠前服务是物流能力统计的目标和要求，对提升物流能力统计地位和作用意义重大。物流能力统计的开展要主动服务于指挥决策、后勤改革以及物流发展与建设，成为保障力生成的重要组成部分。

树立"主动服务"的理念，主要体现在以下四个方面。一是准确掌握统计服务需求。要进行深入调研，预先设计统计指标的内容和形式，征求主要决策者和管理者的意见和建议。在深入调查研究、大量收集信息资料的基础上，进一步整理满足管理需求的数据信息，为后勤管理提供有针对性的物流统计信息。二是逐步构建统计服务体系。依托网络构建物流能力统计服务体系。三是努力开拓统计服务渠道。目前，统计服务形式仍局限于打电话、实体统计资料查询、发通报等传统形式，统计结果传递速度慢、利用率低、展示内容有限，无法满足多样化的需求。物流能力统计要依托物联网和移动终端技术，拓展统计服务渠道。开发统计网站，嵌入统计信息发布和查询、统计数据咨询与解读等多种功能，开通统计咨询电话，建立统计资料档案馆，通过线上线下、实体虚拟多种手段形式，方便快捷地满足用户对统计信息和数据的需求。四是加快提升统计服务质量。评价统计服务质量的好坏取决于统计信息服务对象的满意度和使用者的认可度。因此，物流统计部门要与服务对象积极沟通，建立反馈机制，及时了解统计服务对象的意见和建议，不断改进统计工作中存在的不足，提高统计服务质量。

三、树立"开拓创新"的统计理念

"开拓创新"的统计理念是物流能力统计建设和发展的驱动力。目前，统计工作大多是业务工作的附属品，统计工作信息化程度低、统计方法落后，这些问题直接束缚物流能力统计工作的开展。因此，要树立"开拓创新"的理念，用创新的思想重新定位物流能力统计的发展战略；通过创新管理方法化解统计工作夹缝中生存的现实矛盾；通过创新制度提高统计数据的可信度；通过创新方法提升物流能力统计的认可度和权威性。

一是以创新思想促进物流能力统计"大发展"。要以后勤建设发展的总体构想为指导，以适应现代物流建设和发展为首要目标，把物流能力统计创新放到建设和管理的整体去思考和筹划，制定统计建设和发展战略规划，明确建设和发展的目标导向。二是以创新管理构建物流能力统计"新格局"。要围绕解决"统计动力不足"的问题，创新数据管理和工作流程管理的方法和手段，用绩效挂钩、表彰奖励等激励方法变被动统计为主动统计。三是以创新制度实现物流能力统计质量"快提高"。要用创新的观念在统计组织管理体制、标准制度、法律制度三个方面进行制度设计，激发统计人员和统计对象的积极性和创造性，促使不断创造新的统计方式和统计资源的合理配置，最终产出高质量的统计数据。四是以创新方法提升物流能力统计"权威性"。要紧紧抓住数据质量这条生命线，通过统计调查方法和统计分析方法，保证统计数据资料的真实性和统计结果的可靠性，提升物流能力统计的影响力。

第二节　立足实际，逐步推进统计工作

着眼现代化后勤建设的需要，将物流能力统计体系建设和统计工作的开

展寓于现代化后勤建设的进程中。顺势而为，依托物流工程建设成果进行顶层设计；按照"重点突破、整体推进"原则，加快推进重要战略方向的统计工作；按照"先试点、后推广"原则，循序渐进地开展统计工作。

一、应用物流重大工程建设成果进行顶层设计

近几年，物流基地建成使用，仓库进行扩容和改造，物流信息化建设进入系统集成阶段，物流标准化建设逐步推进。依托以上重大工程建设推进物流能力统计工作，顺势而为、统筹布局、逐步展开，有利于减少开展物流能力统计工作的阻力和障碍，增强与现代物流体系建设的吻合度。

一是顺势搞好统筹规划。物流各项重大建设项目不仅对物资采购、仓储、运输等子系统进行改造和重塑，而且进一步加强物流各功能环节的统筹管理，逐步建立起集采购、仓储、运输、配送于一体的现代物流体系。要将物流能力统计纳入现代物流体系建设中，从战略全局搞好统筹规划，兼顾各方利益，理顺各层次、各环节、各专业部门和各单位统计工作的组织体系；依托物流标准化建设，加快推进物流能力统计标准的研究和颁布；依托物流信息化建设，将物流能力统计作为物流信息系统平台中的重要功能模块进行设计开发。使物流能力统计体系形成一盘棋的总体布局，减少统计工作开展过程中重复低效的现象，逐步建成统筹管理、上下衔接、重点突出、系统高效的统计体系。二是借力获取资源支撑。从统计工作的全局来看，物流能力统计只是后勤统计的一部分，单独开展这项统计工作，获得的财政和资源支持比较有限，还缺乏系统的激励措施。因此要借助物流重大工程建设的有利条件，使物流能力统计建设成为物流重大工程建设中的子系统，源源不断地获取财政、政策、科研、技术和人才等各项资源的支撑。三是充分利用物流信息化的建设成果。物流信息系统集成了采购信息平台、仓库管理信息系统、运输管理信息系统等专业信息管理系统，为物流能力统计提供第一手的数据信息。在此基础上，将物流能力统计作为统计分析的功能模块，嵌入物流信息系统，可以实现物流数据实时动态地统计、处理和分析。同时，以条码和射频技术为核心的自动识别技术在物资采购、仓储、运输、配送各环节广泛应用，互联网、物联网技术水平不断提高，可以借助这些成熟的物流技术，实现统计基础数据的自动采集，提升统计数据信息处理与采集的速度、效率和准确性。

二、按照"重点突破、整体推进"的原则，加快推进重要战略方向的统计工作

开展物流能力统计工作涉及的部门和单位众多，不确定因素较多，面临的内部外部环境复杂，存在思想认识、权力藩篱、数据孤岛等多方面的阻力和推进统计工作失利的风险。遵循从易到难、从局部到整体、从增量到存量的步骤，以重点突破带动整体推进，对稳步推进物流能力统计工作创新发展具有重要意义。

一方面要抓住主要矛盾重点突破。应以重要战略方向的需求为牵引，分清轻重缓急，着力加强重要战略方向的统计工作，重点解决重要战略方向开展物流能力统计工作过程中的突出矛盾。另一方面要以点带面整体推进。物流能力统计贯穿采购、仓储、运输等各专业环节，横跨军地物流系统，是一个复杂的系统工程。以重要战略方向为抓手，整体推进物流能力统计工作，这需要采购、仓储、运输各专业部门和业务人员的配合，需要与地方统计部门协调共享地方物流资源统计数据信息，需要相关制度、法规、标准的配套跟进，更需要理论、财政以及科技等领域的支撑。要从战略布局上总体规划重要战略方向的统计体系建设，充分考虑各方相互影响和相互制约的内在关系，注重物流能力统计体系建设的系统性、整体性、协同性，实现整体推进和重点突破相统一，形成推进物流能力统计工作的强大合力。

三、按照"先试点、后推广"的原则，循序渐进开展统计工作

在推进仓库的物流能力统计工作过程中，必然触及部门的利益，涉及原有职能的调整、体制机制的创新等，情况复杂多变、不确定因素增多，可以选择典型和重要战略方向的区域先行试点。在信息化程度高、物流要素较齐全的仓库，优先开展仓库物流能力统计工作，重点论证统计指标的可操作性、统计方法的科学性和先进性，实现基础要素能力指标自动采集、功能要素能力趋势分析、整体物流能力比较分析。区域方面，重要战略方向的区域可以先行试点，由物流统计分中心统筹规划，逐步建立区域的物流能力统计组织体系、统计信息体系、实施流程以及配套机制制度，研发区域物流能力态势图，实现对物流能力的科学评价和实时监控。通过试点工作，一方面及时纠偏和调整建设方案，减少和消除开展物流能力统计工

作的阻力，控制可能存在的风险；另一方面不断积累经验，逐步扩大试点范围，推进物流能力统计工作由点到面的逐步展开，为建立全军统一、规范的物流能力统计体系奠定基础。

第三节　学习借鉴，加快统计制度建设

统计制度是规范物流能力统计工作和统计资料的一套法律、法规、标准、措施和组织管理模式，包括统计组织管理体制、统计法规制度、统计标准以及配套机制等。只有建立完善的统计制度，才能保证物流能力统计工作沿着正确方向健康发展。

一、借鉴政府统计管理体制，建设上下衔接的统计组织管理体系

我国已建立了体系完备、权责明确、运作高效的政府统计管理体制。政府统计工作的实践表明，强有力的政府统计管理体制确保了统计数据的准确性和真实性，有效提升了政府统计对经济发展的贡献率。总结政府统计管理体制建设的成功经验，物流能力统计应从以下三个方面加强学习借鉴。一是强化物流统计中心的组织领导职能。物流统计中心应当主要负责组织制定统计规章制度，规范统计业务基础，组织拟定统计标准等；对重要数据在统计分析过程中的真实性和保密性负责，具有统计数据管理、发布和使用的最高权限。同时，赋予各级负责物流统计的主要领导以及分管领导具体的职责分工，并将物流统计工作的完成情况作为个人业绩考核的重要内容之一，以落实责任制的手段强化物流统计中心对物流统计工作的组织领导。二是增强协调物流统计工作的能力。物流统计中心作为物流能力统计工作的主管部门，应厘清采购管理部门、交通运输部门、能源部门以及卫生部门统计工作的具体职责，理顺实施统计过程中的相互关系。同时协调各专业部门之间、物流统计分中心之间的关系，为物流统计工作的高效开展提供体制保证。三是加强上下级之间以及同一管理层级的统计业务交流指导。物流统计中心应当定期下发与物流统计相关的政策性文件，用以指导下级各业务部门开展统计工作。在同一管理层级，还应加强综合计划部门对各专业部门统计业务的指导，形成层级分明、权责明确，统计资源共享、统计力量共融的组织管理体系。

二、以国家颁布的《中华人民共和国统计法》为基本准绳，建立配套的统计法规制度

《中华人民共和国统计法》《中华人民共和国统计法实施条例》《关于深化统计管理体制改革提高统计数据真实性的意见》的颁布实施，对规范统计责任制度、完善统计体制机制、严格统计调查管理、推进统计公开透明、强化统计监督检查具有重要的指导作用。要以政府统计法律规定为准绳，逐步推进物流能力统计相关规章制度的立法，逐步建立以基础性法规及其实施细则为主体、各专项法规和实施办法为补充的法规制度体系。一是明确统计组织管理体制。从法规上进一步明确物流统计中心、各物流统计分中心的职能和责任，明确统计数据调查收集、整理录入、分析运用、上报发布等环节的组织程序和实施办法。二是健全责任制。各级领导和部门对物流能力统计工作的相关责任应当以法律法规的形式予以明确。主管领导要对本单位物流能力统计的开展和实施负总责，直接指导分管领导和业务部门抓好物流数据的收集、采集和整理、统计评价分析等工作；各级分管领导以及相关职能部门，按照职责分工，抓好各分项物流统计工作的具体落实，并承担相应的责任。三是制定严格的统计数据保密制度。要制定相关法规，明确各级统计机构和统计人员的保密职责，严格遵守统计数据保密承诺；对所收集的物流能力统计数据要采取保密措施，严禁非法对外发布，并制定法律条款严惩统计数据的失泄密行为。四是严格统计数据信息的使用权限。通过法律条款规定各级统计机构对统计数据信息使用的权利和义务，规定统计数据使用的审批流程，严禁未授权发布或使用相关统计数据。

三、集智攻关，制定统计标准体系

统计标准是物流能力统计体系的重要基础工作，是物流统计科学性管理的基本要求，也是确保统计数据资料准确性、统一性、可比性和连续性的可靠保证。物流能力统计涉及面广、统计层次多、统计内容复杂，为确保统计质量和效果，必须重视和坚持统一的统计标准。科学合理的标准体系对物流能力统计工作能够起到规范作用。制定标准体系是一项系统工程，需要经过专家理论论证并多次试点检验和应用反馈，才能确保标准体系的完整性、适用性、继承性和前瞻性。一是集中研究，切实发挥标准体系在推进统计工作

中的引领作用。在指标标准制定方面，每一类标准都需要物流和统计领域的专家、部队专家集智攻关。尤其要集中力量，反复论证研究重要战略方向和重要专业物流统计的指标标准体系。在推进科研试点成果向标准转化方面，要结合物流能力统计研究并列入重大专项、科研计划和应用示范工程，合力推动统计工作研究和标准研究协同发展。二是加快标准更新，促进统计工作的科学化。物流能力统计的对象、内容、方式、流程等受到战略方向转移、体制编制调整、物流作业流程再造、信息技术发展、物流装备设施更新换代等诸多因素的影响，统计标准也会随之不断更新变化。要淘汰落后的统计内容、手段和方式，发挥好标准体系的引导作用，以标准体系不断更新来促进物流能力统计工作的科学化。三是加快标准体系与地方接轨，推动统计工作协同发展。在物流能力统计工作中，采购、运输和配送的部分数据资料来自国家统计局发布的数据、交通运输部门公开的数据和社会物流统计数据。因此，要了解和掌握统计标准化发展的新趋势，密切跟踪和分析研究国家和社会先进统计标准，积极参与交通运输、战略资源储备、社会物流相关统计标准的制定，加强与地方相关统计标准对接，进而推动物流能力统计工作发展。

具体来说，要按照统计的目的和要求，由物流统计中心对物流能力统计标准作出统一规定。统计标准应包括统计指标、统计分类目录、统计调查和统计编码等内容。其中，核心是统计指标设计、解释及计算方法。

1. 统计指标标准

物流能力统计指标标准主要包含指标的名称、计量的方法以及应用的范围。统计指标名称应当规定指标概念的内涵和外延，说明其反映内容的数量特征；每一项统计指标都有一定的应用范围，以规定统计指标限定的适用情况；计量方法确定量化尺度和计量单位，反映了对不同统计内容应采用不同的计量方法。

2. 统计分类目录标准

物流能力统计调查、收集并分析数据资料的前提条件和基础是制定统计分类目录标准。统计分类目录应该和物流基本信息统一分类编码标准相一致。物流基本信息统一分类编码标准包括物资统一分类编码标准、单位统一分类编码标准、供应商统一分类编码标准、包装单元分类编码标准、物流装备分类编码标准等。统计分类目录可以比照物流基本信息统一分类编码标准，由物流统计中心统一制定。

3. 统计调查标准

统计调查标准是根据调查目的和要求，制定统一调查报表，科学规范调查方法，确保物流能力统计调查数据等资料的真实性和可靠性。一是物流统计中心负责发布统计调查表，明确统一的报送程序和报送时间，同时明确调查人员和被调查部门的责任和义务。二是可根据被调查部门特点，明确适用的统计调查方法，既规范又不失灵活地制定统计调查方法体系。三是强调利用信息技术采集数据和报送数据的方式，积极推行联网直报等信息化统计调查方法和程序。

4. 统计编码标准

统计编码是采用标准化手段，统一采集、存储、处理物流统计基础数据、管理数据和技术数据，为各统计机构的交流提供共同语言，也为统计信息的自动处理提供基础和统一的平台。在物资编目编码基础上，进一步研究制定统计数据采集、统计数据结构、统计信息交换和统计信息系统建设等相关信息编码标准，为各级、各部门开展物流统计工作提供信息服务和环境保障。统计编码是否科学与规范，关系到统计数据加工整理以及统计资料是否科学准确，对进一步提高统计工作管理水平、适应统计工作信息化的要求、建立物流统计指标数据库具有重要作用。

四、加快统计信息体系建设

统计信息体系是物流能力统计体系建设的基础工程。需要在后勤信息化的支撑环境下，以现有物流信息系统建设成果为基础，应用现代信息网络技术、信息化自动化统计技术，实现统计调查无纸化、数据采集电子化、传输处理网络化、资料存储集中化，为数据转化为决策能力、提升统计服务能力提供先进的技术手段和坚实的信息支持，为物流能力统计体系高效快速运行提供有效支撑。统计信息体系包括统计数据自动收集和联网直报系统、统计数据库、统计数据处理分析平台以及统计数据发布平台。

1. 自动收集和联网直报系统

改革传统的自下而上填报统计数据的方式，分析统计数据来源，明确统计数据收集渠道，依托信息系统积极推行自动收集数据方式和仓库联网直报数据方式。依托物联网末端感知技术研发应用自动收集系统，该系统可以考虑嵌入到物流信息系统中，采用端口服务和直接访问的方式，从集成的业务数据中抽取所需的统计数据，实现统计数据实时更新、准确获取，提高统计数据传输的速度和质量。依托现有的网络基础设施，开发应用联网直报系统，仓库通过联网直报系统的数据导入端口，定期人工录入统计数据，直接将统计数据上报汇总到物流统计中心。自动收集和联网直报系统的开发应用，不仅减少上报层级，而且减少统计数据人为干预的程度，确保统计数据实时更新和可靠真实，提高统计工作的效率。

2. 统计数据库

按照统计数据标准，存储物流基础要素能力指标、功能要素能力指标、集成能力指标等各类历史数据，包括分区域、分功能以及不同能力指标每个月度、季度、年度的物流统计信息，从而形成时间上前后接续、空间上全面覆盖的物流能力指标数据库。决策者和管理者可以按照需要和权限查询各类汇总信息。统计数据库也为物流能力指标的数据挖掘分析提供海量的数据积累。

3. 统计数据处理分析平台

统计数据处理分析平台为统计数据处理、分析和评价提供统一模型库、统一制度、统一标准、统一的数据处理挖掘方式，以满足各层级进行统计数据查询检索、统计数据分析、统计结果应用的需求。包括按照统一标准对接收到的样本数据进行筛选、审核、修正和确认；按照统一制度对审核后的统计数据进行分类整理，计算权重、速度、增幅等系数；按照统一模型库对分组后的统计数据进行相关分析、预测分析、建模评价等。

4. 统计数据发布平台

物流能力统计要按照决策者和管理者对物流能力信息的需求，明确发布主体、发布内容、发布对象、发布依据等内容，并对发布数据的范围、频率和及时性做出规定。统计数据发布形式趋于智能化和自动化，可以通过统计图表、三维视图、嵌入式文本等多种信息展现形式，或是依托地理信息系统的地图标绘等手段进行信息多方面、多角度展示。依托统计数据发布平台，开发"物流能力态势图"，利用更加直观、形象、生动的发布形式服务于管理和决策。

第四节　应用新技术，创新统计方法手段

新技术是推动物流能力统计创新发展的强劲动力。要紧紧围绕物流能力

统计的需求，结合物流信息系统的研发和应用，创新统计分析功能模块、创新统计数据采集方式、创新统计数据挖掘分析方法。

一、应用物流信息系统创新统计分析功能模块

建立基于计算机和通信技术的统计信息分析模块，是提高物流统计分析系统整体效能的重要保证，能够更好地满足作战指挥员和业务部门管理者对统计信息的需求。以后勤信息系统、物流信息系统以及各类信息化设施和装备为基础，以标准规范体系和保密安全体系为支撑，以物流环节无缝化衔接和物流活动集中管控为目标，采用先进的技术架构，对现行相关的各类业务信息系统进行综合集成，形成综合统计分析的功能模块。

具体建设内容包括以下几个方面。一是信息网络基础条件建设。信息网络基础条件建设是物流统计功能模块系统所依托的软硬件环境，包括以军事综合信息网和后勤数据中心为基础的系统软硬件和网络基础平台等。二是物流信息资源建设。物流信息资源是指物流能力生成过程中所产生的所有数据和信息。具体包括以下几点。①物资资源信息。信息主要来源于物资采购部门、物资储备管理部门、国家和地方政府部门等，信息类型主要包括物资的品种、数量、地点、分布等信息。②仓储能力和储备信息。主要包括仓库的设施设备、人员、规模，以及国家可动员的仓储资源等信息。③运力和交通信息。主要指物流可依托的运输能力和交通控制信息。运力信息主要包括铁路、水路、公路、航空的载运工具数量、载运吨位等信息；交通控制信息主要指铁路、水路、公路、航空的交通设施设备、通行能力等信息。④管控信息。主要指在物流活动过程中发生的信息，包括在计划、采购、运输、仓储、配送等各物流环节中产生的各种管控和作业信息。⑤基础支撑信息。主要包括地理信息、法规规章、信息分类代码、元数据、信息资源目录等信息。三是专业模块建设。物流能力统计评价是由油料、军需、卫生、武器、弹药等多个专业业务信息系统共同完成的，即每个专业都对本专业的物流能力进行统计评价。为了对各专业物资物流能力进行统计和评价，必须在自己的专业系统中建立专门的模块，按照一定的作业流程，收集、录入相关数据，构建相关模型，为在实际工作中完成统计计算和得出评价结论做好准备。

二、应用末端感知技术创新统计数据采集方式

当前，随着信息技术的不断发展，物流对物资识别、定位、获取的要求

越来越高，许多先进的技术和设备广泛应用于物流保障，如利用 RFID 等自动识别技术实现智能化仓储；通过传感器技术实现对物流信息的实时获取；采用无线传感网络实现实时预警、远程服务等，这些末端感知技术的应用都为开展物流能力统计工作提供了有利的条件。一是提高物流统计数据采集速度。极其微小的带有处理功能的传感器已经研制出来并广泛应用于物流的各个环节。这一技术广泛应用，实现采购、存储、运输、配送等作业过程自动识别，作业数据自动采集、信息实时记录、统计数据及时获得，大大加快物流统计数据的采集速度。二是提高物流统计数据采集准确度。末端感知技术的应用，大大减少了多余的、诸如数据录入等人工操作的环节，从而避免人为错误，提高数据的准确性，保证了物流统计数据的质量。三是实现物流统计数据的同步更新。末端感知技术的应用，不仅大大改善了物流节点的管理效率，还可以实现对在途物资的实时跟踪监控，使得指挥员和管理者可以掌握物流的实时动态数据，实现物流统计数据的同步更新。

三、应用大数据挖掘技术创新统计分析方法

随着物流信息化加快发展，在物流信息系统和物联网技术支撑下，智慧物流的广泛应用将会产生海量物流数据。利用大数据挖掘技术，能够处理样本量巨大、数据结构复杂且来源多样的物流数据，挖掘和发现隐含的有用物流信息，实现物流预测分析、仓库储备关系分析、仓库智能管理、分拣路径优化、配送管理决策分析等，提高物流数据统计分析处理能力。一是实现物流预测分析。利用大数据挖掘技术分析历史需求数据和安全库存水平，综合制订精确的需求预测计划；对物资的品类、流量流向、供需关系进行预测，可以合理构建物流网络，提高物流快速响应能力。以卫生物资为例，SPSS 和 SAS 系统收集到需求时间、需求数量、需求满足程度、流向流量等一系列数据信息，由此对卫生物资的采购、储存、运输及配送等一系列物流环节进行优化，实现物流运作效率的提升，最大限度满足用户的物资需求。二是实现仓库储备关系分析。对海量物资基础数据和需求数据进行关联分析、聚类分析、偏差分析等高度自动化的分析，做出归纳性的推理，进而合理安排货架，能够有效提高分拣效率，确定合理的物资储备比例。如关联关系分析可以挖掘隐藏在数据间的相互关系，即通过量化的数字描述 A 物资的需求数量对 B 物资的需求数量有多大影响，从而确定这两种物资在货架上的配置以及储备

的数量比例。三是实现仓库智能管理。通过大数据挖掘技术构建的算法和模型，在入库环节将根据上架物资的出库情况和物理属性，自动推荐最合适的储存货位；在倒库环节让物资在拣选区和仓储区的库存量分布达到平衡；在出库环节定位算法将决定最合适的装卸搬运方案。四是实现分拣路径优化。利用机器学习技术，可以实现根据物资的历史出库数据和储位数据情况进行自我学习，对具有类似属性的物资进行地理位置上的分类，将局部区域的调拨单集中在一起，用算法取代人脑，规划超大平方米库房的最优分拣路径，从而节省分拣的时间、提升仓库的作业效率。五是实现配送管理决策分析。利用大数据挖掘技术可以智能化地编制配送计划、优化配送路线、拟订配载（混载）方案。如利用类似于道路优化与导航集成系统的平台获取配送车辆的当前行驶路线、车辆性能以及驾驶员的安全信息等数据，分析每种实时路线近几十万种的可能性，并在短时间内预测最佳路线。科学使用大数据挖掘技术，能够弥补统计对海量数据处理分析能力不足的问题，提高物流能力统计的数据分析能力。

第五节　强化培训，培养新型的统计人才

　　培养人才是开展物流能力统计工作的基础支撑性工程。目前，物流能力统计工作尚处于顶层设计规划阶段，统计理论和方法仍在探索之中，各个领导管理层级对物流统计的重视程度有待提高，人才培养工作任重而道远。因此，要充分认识人才培养工作的重要性，树立爱才如命、惜才如金的理念，明确人才培养要求、完善人才培养体系、拓展人才培养渠道、健全人才管理制度，运用多种方式和途径培育一支结构合理、既有统计技术又懂物流理论、朝气蓬勃的物流统计专业人才队伍，从根本上推动物流能力统计工作创新发展。

一、明确人才培养新要求

　　物流能力统计工作专业性强、信息化程度高，需要专门的理论指导，更需要培育大批物流统计人才。要力争达到"加快建设现代化后勤"的总目标，适应现代物流体系建设快速推进的发展态势，明确人才培养要求，力争培养

和造就一批专业素质高的优秀人才，特别是掌握统计先进技术的人才和高素质管理人才。只有通过发挥专业人才的经验和技能，才能够创造出物流统计新的价值，提供更高质量的数据辅助决策服务。

一是突出物流能力统计的特色。与其他专业人才相比，物流能力统计人才的知识结构不仅要有扎实的物流专业和统计专业知识功底，还要掌握各类物资专业知识，还应熟悉大数据技术、信息技术、法律、管理等方面的知识。在人才培养中要突出物流统计的特色，努力培养通晓多种知识、具备多种能力的复合型人才。二是突出后勤建设和管理的要求。物流能力统计工作在建设后勤、促进后勤管理科学化过程中的作用越来越重要，物流统计人才也将面临新的挑战。物流统计人才的培养必须从后勤建设和发展的要求出发，结合统计工作特点，把握各类人才成长规律，因材施教。在中高层领导中要培养战略型的物流统计人才，从决策层确保物流能力统计人才的各项建设和改革成果都能有针对性地与后勤建设和发展相融合。要培养一批通晓物流统计工作、具备足够的物流知识和统计技术的管理型专业人才，善于与上下层级、业务部门以及地方资源多方协调，善于提出满足物流统计需要的意见和方案。要培养一批技术技能型物流能力统计人才，主要是掌握现代物流理论与统计技术，熟练掌握统计数据信息收集、加工、整理等具体工作。三是突出现代物流发展的需要。随着物流的不断发展，新知识、新技术和新方法不断出现，物流统计人才要在实践中从容应对不断出现的新情况、新问题，就必须坚持自学，不断更新知识并加强技能训练，以适应物流发展的需要。

二、完善人才培养体系

物流能力统计人才建设需要健全完善的人才培养体系作支撑。完善的人才培养体系是对物流统计人才队伍建设的总体规划和设计，是开展物流能力统计工作的不竭动力和智力支撑。为确保物流统计人才培养质量，应统筹设计，建立物流能力统计专业人才的培养体系，并在实践中不断发展和完善。

一是建立培训目标体系。首先，提出总体目标。要认真分析物流统计人才培养面临的环境挑战和机遇，明确人才培养的要求，着眼解决物流能力统计人才建设现实矛盾问题，抓好顶层设计，提出物流统计人才培养的总体目标。其次，设置分项目标。根据统计人才的知识、技能、岗位需求，分别设置高级专业统计人才、中级专业统计人才、初级专业统计人才等分项目标，同时配套研究各个层次培养目标实现的具体步骤和措施。二是优化培训内容体系。先进的内容体系是培育人才的根本。培训内容是培养目标的具体化，要培养什么样的人才，使其具备什么样的知识结构、素质和能力，主要由培训内容来决定。物流统计人才培养，要牢牢把握基础理论，培训内容重在深度开发，奠定扎实的理论基础；拓展应用理论，在物流能力统计工作实践中发现规律；不断开辟前沿理论，为培训内容源源不断地注入具有前瞻性和创新性的内容。总之，要紧紧围绕提高核心能力素质这条主线，抓好专业教学、实践教学和能力训练各个环节，构建起院校培训与工作实践相衔接的培训内容。三是健全培训方法体系。从宏观上分析，培训物流能力统计人才方法有依托院校培训和在统计工作实践中培养。由于物流能力统计人才培养更注重实践操作能力，所以在传统培训手段上可以有所创新。比如，以信息技术为核心创建网络课程、微课堂、教学协作网、专业统计教学平台，也可以利用物流统计教学资源，组建教学团队，进行集中辅导授课。总之，要以培训手段的先进性带动物流统计人才培养整体水平的提高。

三、拓展人才培养渠道

物流能力统计人才队伍建设应积极拓展人才培养途径，既要立足自有教学力量，又要善于利用地方教学资源的优势，加强联合培养，形成物流统计人才共育的良好势头。

一是要整合培训资源。目前，有些院校设置了物流专业学科，可以在此基础上开设物流统计培训内容，通过讲课、作业、演练、参观、案例教学、撰写文章及网络教学等方法，获取物流统计知识和技能，形成较为系统的知识结构，为规范化的统计工作与管理能力奠定基础。二是要充分发挥共育人才的作用。物流能力统计知识体系实操性强，并且与统计理论和实践联系密切，可以积极拓展培训及实践渠道，参与国家和地方统计部门、中国物流与采购联合会的统计工作，鼓励相关人员参加各类在职培训、学术交流活动，在实践中培养管理能力和实际操作能力。通过丰富岗位在职培训的形式，不仅壮大专业教学队伍，强化了协作联合培养人才的形式，还加强了沟通，拓展了物流统计人员的视野，补齐了专业知识和技能的短板，进一步提升了物流统计人员的专业素养。三是注重依托国家教育资源。在我国高校物流专业培训蓬勃发展，培训质量和数量都在迅速提升，是一支不可忽视的人才培养力量。因此，要坚持依托高等院校，积极拓展从高校选拔统计专业人才的渠道。

四、健全人才管理制度

合理完善的人才管理制度能为物流统计人才的快速成长营造良好的外部环境，好的制度对促进人才快速成长和脱颖而出具有重要意义。因此，在加强物流统计人才培养的同时，必须从政策制度上解决选拔、培养、流动等相关问题，使物流统计人才选得准、引得进、配得强、用得当、留得住。

一是建立健全人才准入制度。物流能力统计工作对人员的专业技能和实践经验等方面都有较高的要求，因此，物流统计人员选任应当设置一定的限制条件，从"门槛"保证人才的初始质量。从事专职物流统计工作的人员，必须具有物流或统计专业学历。从事专业物资管理的人员，经过岗位任职培训，可参与物流统计工作。另外，物流能力统计工作是一项实践性很强的工作，从事专职统计工作，必须具有一定工作经验，了解物流运行情况，对物流统计工作具有一定的感性认识，具有一定调查研究和组织协调能力。二是建立健全人才吸纳机制。开展物流能力统计工作亟须大量人才，人才缺口很大，短时间内靠自身培养非常困难，因此，应制定优越的政策和优厚的待遇，从高校、科研院所以及物流企业选拔吸收优秀专业人才，支撑统计工作的开展。三是健全人才考核机制。物流能力统计是一项实践性很强的工作。需要具有一定统计工作经验、了解物流活动，并对物流统计工作有一定感性认识的专职统计人员。因此，对物流统计人员要定期组织考核，对于考核优秀的人才要给予充分的待遇，对考核不合格的人员要采取一定惩罚措施，通过合理的考核机制，培养更多素质过硬的统计人才。

参考文献

[1] 王宗喜，徐东．军事物流学［M］．北京：清华大学出版社，2007.

[2] 汪鸣，冯浩．我国物流业发展政策研究［M］．北京：中国计划出版社，2002.

[3] 刘延平，李卫东．物流统计学［M］．北京：清华大学出版社，北京交通大学出版社，2006.

[4] 张志俊．物流与供应链统计［M］．北京：化学工业出版社，2012.

[5] 蔡定萍．物流统计学［M］．北京：中国物资出版社，2010.

[6] 陈艳．物流统计分析［M］．大连：大连海事大学出版社，2014.

[7] 贾俊平，何晓群，金勇进．统计学［M］．7版．北京：中国人民大学出版社，2018.

[8] 姜丽莉．军事物流能力优化模型与策略研究［D］．北京：北京交通大学，2011.

[9] 胡双增．物流一体化理论与方法研究——物流业务流程重组［D］．北京：北京交通大学，2001.

[10] 王侃昌，闫秀霞，高建民．物流能力成熟度模型（LCMM）研究［J］．商业研究，2006（4）：171-174.

[11] 谭清美，冯凌云，葛云．物流能力对区域经济的贡献研究［J］．现代经济探讨，2003（8）：22-24.

[12] 曾峰，李夏苗．供应链物流能力初探［J］．物流科技，2005（9）：69-72.

[13] 马士华，陈习勇．供应链环境下的物流能力构成及其特性研究［J］．管理学报，2004（1）：107-111，5-6.

[14] 蔡鉴明，曾峰．供应链物流能力的概念、特点以及影响因素［J］．物流科技，2006（3）：88-91.

[15] 刘伟华，季建华，王吉林．供应链物流能力的管理过程分析［J］．重庆交通学院学报，2006（2）：104-108.

附录 1 物流基础要素能力指标体系

一级指标	二级指标	三级指标	指标要点	计算方法
物流人员实力	结构状况	期末人数	报告期末从事物流工作的全部人员，按照管理人员、操作人员、职工和临时工分类统计	
		人员变动数	可用报告期内增加人数，减少人数以及增减比重等指标来反映人员的变动状况及程度	人数增加比重 $= \dfrac{\text{报告期内增加人数}}{\text{期初人数}} \times 100\%$ ；人数减少比重 $= \dfrac{\text{报告期内减少人数}}{\text{期初人数}} \times 100\%$ ；人数增减比重 $= \dfrac{\mid \text{期末人数} - \text{期初人数} \mid}{\text{期初人数}} \times 100\%$
		管理人员比例	反映在一线从事物流工作的干部结构	$\dfrac{\text{报告期末业务干部人数}}{\text{期末人数}} \times 100\%$
		年龄 35 岁以下管理人员人数	反映年轻干部的变动状况	$\dfrac{\text{报告期末年龄在 35 岁以下业务干部人数}}{\text{报告期末业务干部人数}} \times 100\%$

续表

一级指标	二级指标	三级指标	指标要点	计算方法
物流人员实力		学历结构	报告期内接受国民教育程度的教育，按照研究生教育、高等教育、中等教育、初等教育分类统计	$\dfrac{报告期内不同教育层次人数}{期末人数} \times 100\%$
		职称结构	按照管理人员取得助理工程师、工程师和高级工程师专业技术等级，以及操作人员取得《职业技能鉴定》初级、中级、高级技术等级分类统计	$\dfrac{报告期内不同职称等级人数}{期末人数} \times 100\%$
	职称结构	中级以上技术等级比例	报告期内管理人员取得工程师以上专业技术等级，以及操作人员取得《职业技能鉴定》中级以上技术等级的比重	$\dfrac{报告期内中级以上技术等级人数}{期末人数} \times 100\%$
		晋升专业技术等级人数	报告期内管理人员和操作人员晋升上一级别专业技术职务等级的人员数量	
		任职时间 8 年以上操作人员的数量	报告期内操作人员任专业技术岗位 8 年以上的人数	
物流人员实力	训练状况	在职培训人数	报告期内管理人员参加任职培训、学历教育，以及操作人员参加岗前培训、职业技能鉴定，操作人员学校培训等人员数量	

190

续　表

一级指标	二级指标	三级指标	指标要点	计算方法
物流人员实力	训练状况	平均受训时间	按照专业训练大纲和年度训练计划，组织开展的业务学习、岗位练兵和比武竞赛等活动的平均时间	$\dfrac{报告期内累计受训总时长}{报告期内总月份}$
		训练考核优良率	报告期内考核等级为良好以上抽考人员的比率	$\dfrac{报告期内训练考核优良人数}{报告期内训练考核参加考核人数} \times 100\%$
军用物资实力	物资数量与价值	期末在库物资数量	按照资产账和实有物资分类统计	
		期末在库物资价值	按照资产账和实有物资分类统计	
		下一年度计划需求数量	按照资产账和实有物资分类统计	
	物资符合性	数量符合率	报告期末实际在库物资数量上满足部队需求的程度	$\dfrac{期末满足部队需求物资数量}{期末实际在库物资数量} \times 100\%$
		品种规格符合率	报告期末实际在库物资在类别品种、规格型号等方面满足部队队需求的程度	$\dfrac{期末满足部队品种规格物资数量}{期末实际在库物资数量} \times 100\%$
		技术性能符合率	报告期末实际在库物资在质量、性能、使用寿命、技术要求等方面满足部队队需求的程度	$\dfrac{期末满足部队技术性能物资数量}{期末实际在库物资数量} \times 100\%$

一级指标	二级指标	三级指标	指标要点	计算方法
军用物资实力	储备物资	储备物资数量	按照后勤装备、备修器材和后勤物资 3 大类分类统计数量	
		储备物资金额	按照后勤装备、装备维修器材和后勤物资 3 大类分类统计价值	
		储备物资质量	按照新品、堪用品、待修品和待报废品分类统计	
	采购设施	采购网点数量	报告期末军队在编负责物资采购的部门数量	
		供应商数量	报告期末与军队保持长期物资供应合作关系生产企业和商业的数量	
物流设施实力	仓储设施	仓库数量	报告期末仓库的实际数量，按照仓库类型、存放物资种类或机械化程度分类统计	
		仓库面积	报告期末仓库中货垛或货架占用的实用面积，同仓库数量的分类一致进行统计	
		集装箱堆场面积	报告期末用来存放集装箱的堆场占地面积	

续　表

一级指标	二级指标	三级指标	指标要点	计算方法
物流设施实力	交通基础设施	运输线路里程	报告期末物流运输线路的实际长度，按照铁路里程、公路里程、内河航道里程、航空航线里程、管道长度分类统计	
		运输线路密度	报告期末一定土地面积平均拥有的某种运输方式的线路里程数	$\dfrac{\text{区域内运输线路里程}}{\text{区域内国土面积}}$
		运输网点数量	报告期末物流运输网络结构中的枢纽点数量，按照铁路车站、公路货运场、水路港口码头、航空港（飞机场）、管道站库设施、附属设施分类统计	
	配送设施	配送中心数量	报告期末仓库具有配送功能的设施，以及为部队提供配送服务的地方配送中心和企业配送部门的数量	
物流装备实力	仓库装备	仓库装备数量	报告期末仓库设备的实际量，可以根据不同用途的仓库装备分类统计	
		仓库装备质量等级	按照新品、堪用品、待修品、待报废品四个等级分类统计	
		仓库装备完好率	报告期末仓库装备能够随时进行保障任务的完好数占实有仓库装备数量的比重	$\dfrac{\text{期末仓库装备完好数量}}{\text{期末仓库装备实有数量}} \times 100\%$

续表

一级指标	二级指标	三级指标	指标要点	计算方法
物流装备实力	交通运输装备	运输工具数量	报告期末运输工具的实有数量，按照火车、汽车、船舶、飞机分类统计	
		运输工具运载能力	报告期末载运工具的标记或核定吨位，同运输工具数量的分类一致进行统计	
	配送设备	配送设备数量	报告期末配送中心拥有的配送设备的实际数量，按照交通工具、分拣设备、装卸搬运设备、加工设备分类统计	
		配送设备能力	报告期末配送中心拥有的配送设备的额定能力，其统计分类与配送设备分类一致	
物流信息实力	信息人员数量		报告期末各类信息系统的管理人员和操作使用人员的数量	
	信息设施设备	信息管理设施设备数量	报告期末用于物流信息处理的设施设备的实际数量，按照设备、计算机、网络设备、视频监控系统、周界入侵报警系统分类统计	
		信息管理设施设备能力	报告期末信息处理设备的额定信息处理能力，其统计分类与信息管理设施设备数量统计的分类一致	

附录2 物流功能要素能力指标体系

一级指标	二级指标	三级指标	指标要点	计算方法
筹措能力	采购能力	期末完成采购项目数	报告期内采购机构完成的采购项目数量，包括主管部门下达给采购机构的计划采购项目、其他单位委托采购项目	
		期末采购物资金额	报告期内采购机构完成采购项目的合同金额。	
		采购任务增长率	本期采购任务完成量的增加额，与上一报告期采购任务完成量的比值	$\dfrac{本期完成采购项目数 - 上期完成采购项目数}{上期完成采购项目数} \times 100\%$
		节资率	报告期内采购机构所购买物资的成交金额（等同于本期末采购金额）与期初采购预算金额的差，占预算金额的比重	$\dfrac{期末采购物资金额 - 期初采购物资预算金额}{期初采购物资预算金额} \times 100\%$
		平均采购周期	报告期内采购项目从采购计划上报到采购合同签订所需平均时间	$\dfrac{\sum 报告期内每个项目完成时间}{报告期内采购项目数} \times 100\%$
		采购满意率	下达或委托采购任务的单位对采购业务的满意程度	$\dfrac{随机调查的满意用户数}{随机调查的用户总数} \times 100\%$

续 表

一级指标	二级指标	三级指标	指标要点	计算方法
筹措能力	其他筹措能力	期末筹措物资总量	报告期内物资主管部门以向上级请领、生产等方式筹措到的军用物资总量	
		期初筹措物资计划量	报告期初物资主管部门向上级计划请领物资的数量	
		筹措任务完成率	报告期末筹措物资总量占期初筹措物资计划量的比重	$\dfrac{\text{期末筹措物资总量}}{\text{期初筹措物资计划量}} \times 100\%$
		筹措增长率	上一报告期相比，本期筹措总量的增长幅度	$\dfrac{\text{本期筹措总量} - \text{上期筹措总量}}{\text{上期筹措总量}} \times 100\%$
		平均筹措周期	报告期内从请领计划上报到上级物资主管部门复批请领计划所需平均时间	$\dfrac{\sum \text{报告期内每笔物资筹措时间}}{\text{报告期内筹措笔数}} \times 100\%$
仓储能力	仓库储存能力	仓库容量	报告期末除仓库内通道和间隔后，所能容纳物资的最大数量。按照仓库类型分类统计	
		仓库面积利用率	报告期末实际使用仓储面积占仓储可使用总面积的比重	$\dfrac{\text{期末实际使用仓储面积}}{\text{期末仓库面积}} \times 100\%$
		平均库存量	报告期内库存量的平均值。通常用日平均库存量或月平均库存量表示	日平均库存量 $= \dfrac{\sum \text{报告期内每日库存量}}{\text{报告期内天数}} \times 100\%$ 月平均库存量 $= \dfrac{\sum \text{报告期内每月库存量}}{\text{报告期内月数}} \times 100\%$

续　表

一级指标	二级指标	三级指标	指标要点	计算方法
仓储能力	仓库作业能力	仓库吞吐量	报告期内仓库中转供应物资的数量	报告期内总入库量＋报告期内总出库量
		出入库频率	平均时间内出入库的作业次数	$\dfrac{仓库吞吐量}{报告期天数}$
		出入库率	报告期内出入库物资数量与出入库量及库存量之和的比值	$\dfrac{入库量＋出库量}{入库量＋出库量＋库存量}\times100\%$
		库存周期	报告期内库存物资从入库到出库的平均时间	$\dfrac{\sum 报告期内每笔物资库存时间}{报告期内出库物资笔数}\times100\%$
		周转速度	反映库存物资中转供应能力	周转次数＝$\dfrac{报告期内总出库量}{报告期内平均库存量}$ 周转天数＝$\dfrac{报告期的日历天数}{周转次数}$
		平均收发作业时间	报告期内完成每笔物资收发作业所用的平均时间	$\dfrac{报告期内收发作业总耗时数}{收发物资总笔数}$
		紧急收发速度	在紧急情况下，收发物资的速度	紧急入库速度＝$\dfrac{紧急入库物资数量}{耗用时间}$ 紧急出库速度＝$\dfrac{紧急出库物资数量}{耗用时间}$
		昼夜最大收发量	在人员、设施及装备满负荷运情况下，在一昼夜（24小时）内经过仓库作业（包括库内包装作业、装卸搬运作业）所能完成的最大物资量	$\dfrac{24}{平行作业车辆所需作业时间}\times$ 单车满载车辆数×单车最大物资载重量

197

物流能力统计理论与方法

续 表

一级指标	二级指标	三级指标	指标要点	计算方法
仓储能力	仓储作业能力	仓储设备利用率	报告期内仓储机械设备平均小时搬运量与额定小时搬运量的比值	$\dfrac{报告期内设备平均小时搬运量}{报告期内设备额定小时搬运量} \times 100\%$
		机械化作业率	报告期内使用机械作业总量占物资吞吐量比重	$\dfrac{报告期内使用机械作业总量}{报告期内物资吞吐量} \times 100\%$
		加工包装率	报告期末加工包装总量占储存总量比重	$\dfrac{期末加工包装物资量}{期末库存量} \times 100\%$
		包装作业机械化程度	报告期内包装设备物资的作业量占总的包装作业量的比重	$\dfrac{报告期内包装设备作业量}{报告期内的包装总量} \times 100\%$
	仓库服务保障能力	受供单位数量	报告期内仓库完成物资供应任务所保障的部队用户数量	
		收发差错率	报告期内发生差错的收发作业笔数占收发作业总量的比重	$\dfrac{报告期内收发差错累计笔数}{报告期内收发作业总笔数} \times 100\%$
		账实相符率	报告期内在进行物资盘点时，在库物资账面结存数与库存实有数量的相符程度	$\dfrac{报告期内账实相符笔数}{报告期内盘点总笔数} \times 100\%$
		缺货率	报告期内缺货次数与需求次数的比值	$\dfrac{报告期内缺货次数}{报告期内部队用户需求次数} \times 100\%$
		损耗率	报告期内物资损耗量占物资入库总量的比重	$\dfrac{报告期内物资损耗量}{报告期内物资入库总量} \times 100\%$

续 表

一级指标	二级指标	三级指标	指标要点	计算方法
		仓库防护等级	根据标准，确定一级、二级、三级	
		主体工程防护能力	按照伪装手段，可以分为人工、自然、示假等手段；按工程建筑风格与周边建筑的融合程度，可以分为融合、基本融合、不融合三个程度；按照接近路口部位置暴露程度，可以分为明显、不明显两类	
仓储能力	仓库防护能力	库内安全防卫能力	警戒覆盖率是指库区内岗（哨）位在库区的覆盖率；监控覆盖率是指视频报警系统、周界入侵报警系统、视频监控系统等监控设施在库区的覆盖率	依据警戒覆盖率和监控覆盖率两大指标综合评分进行量化
		紧急抢修能力	在库区遭致破坏以及发生火灾、老旧隐患等安全事故时候，紧急组织人力、物力抢修仓库设施设备，以保障正常收发作业的能力，通常以时间进行衡量	
运输能力	运输潜力	保障单位数量	报告期内物流运输活动保障单位的实际数量	
		运量	报告期内实际运送的物资数量，以仓库的发货量为准	

续表

一级指标	二级指标	三级指标	指标要点	计算方法
运输能力	运输潜力	运距	报告期内物资运送的实际距离。按照运量一致的分类进行统计	
		集装箱运量	报告期内运送集装箱的实际数量	
		运输周转量	报告期内实际运送的每笔物资数量乘以其相应运距，再进行求和得出	$\sum$（报告期内每笔物资运量 × 报告期内该笔物资实际运距）
		运输速度	报告期内物资在整个运输期间的平均运输速度	$\dfrac{\sum \text{报告期内每笔物资运距}}{\text{报告期内在途总时间}}$
	运输效率	载运行程运载量	报告期内在用运载物资车辆载运行程的载运能力	$\sum$（报告期内单车载运行程 × 标记吨位）
		运载率	报告期内运输总量占载运行程载运量的比重	$\dfrac{\text{报告期内总运量}}{\text{载运行程载运量}} \times 100\%$
		昼夜最大运输量	一昼夜（24小时）内车辆满载情况下运输物资的最大量	单车最大物资载重量 × 日最大交通通行能力
		装卸搬运机械化作业率	报告期内使用装卸搬运机械作业的总量占总装卸搬运量（总运量）的比重	$\dfrac{\sum \text{报告期内装卸搬运机械作业量}}{\text{报告期内总运量}} \times 100\%$

续　表

一级指标	二级指标	三级指标	指标要点	计算方法
运输能力	运输效率	平均装卸搬运时间	报告期内装卸搬运物资总时间与装卸搬运物资件（吨）数（总运量）的比值	$\dfrac{报告期内装卸搬运物资总时间}{报告期内总运量}$
		货差量	报告期内物资运输中出现运输物资错的实际数量	
		货损量	报告期内物资运输中出现运输物资损坏或丢失的实际数量	$\left(1-\dfrac{报告期内物资损失总量}{报告期内总运量}\right)\times100\%$ 其中，物资损失总量 = 货损总量 + 货差总量
		运输安全性	用运输安全天数、运输事故件数、运输安全率来衡量。运输安全率反映了报告期内连续安全运输无事故情况	
		运输准确性	报告期内按要求时限完成运输任务的比重	$\dfrac{\sum报告期内按要求时限完成的运量}{报告期内总运量}\times100\%$
		运输保障满意度	对计划质量、运输过程质量、运输服务质量等运输保障满意程度	$\dfrac{调查满意的用户}{全部调查用户}\times100\%$
	交通线抢修能力	专业交通抢修队伍数量	报告期末军队自有工程部队以及地方专业交通抢修队伍人员数量总和	
		交通线平均抢修速度	报告期内修复10公里交通线需要的平均时间	$\dfrac{报告期内修复交通线总时长}{修复总公里数}\times10$

续 表

一级指标	二级指标	三级指标	指标要点	计算方法
配送能力	集货能力	周转速度	一般用库存周转次数和周转天数表示。库存周转次数是指报告期内总配送量与平均库存量的比值	库存周转次数 = $\dfrac{报告期内总配送量}{报告期内平均库存量}$；周转天数 = $\dfrac{报告期内日历总天数}{周转次数}$
	分拣能力	分拣效率	报告期内配送单位库内作业的效率	$\dfrac{报告期内分拣作业总量}{报告期内分拣作业总时间}$
	配送作业能力	准时出货率	报告期内按照时间节点完成分拣作业，达到待配送状态的能力	$\dfrac{报告期内准时出货次数}{报告期内配送总次数} \times 100\%$
		配送作业量	报告期内配送物资的数量乘以相应配送里程，再求和	$\sum$（报告期内每笔物资配送量 × 报告期内该笔物资配送里程）
		配送速度	报告期内配送物资从用户提出需求到物资送达部队所耗费的平均时间	$\dfrac{报告期内配送总时间}{报告期内配送总次数}$
	配送服务能力	配送正点率	报告期内配送活动在指定时间内交货的比重	$\dfrac{报告期内正点配送量}{报告期内配送总量} \times 100\%$
		物资损坏率	报告期内人为和自然的原因造成的物资配送过程中的损坏、差错、丢失、质量事故的比率	$\dfrac{报告期内损坏量}{报告期内总配送量} \times 100\%$
		配送满意度	用户对物流配送服务保障的满意程度	$\dfrac{调查满意的用户}{全部调查用户} \times 100\%$

续　表

一级指标	二级指标	三级指标	指标要点	计算方法
信息处理能力	处理能力	业务工作信息化程度	报告期内利用业务信息系统收发文数量占收发文总量的比重	$\dfrac{报告期内业务信息系统收发文数量}{报告期内收发文总量}\times100\%$
		信息处理量	报告期内处理信息的实际数量	
		平均信息处理时间	报告期内处理信息的速度	$\dfrac{报告期内信息处理总时间}{报告期内信息处理量}$
	服务能力	差错率	报告期内信息处理过程中发生差错的数量与信息处理总量的比值	$\dfrac{报告期内出现差错的信息总量}{报告期内信息处理总量}\times100\%$
		系统故障次数	报告期内业务信息系统出现故障的数量	
		平均排除系统故障时间	报告期内业务信息系统出现故障到恢复正常运行所用的平均时间	$\dfrac{报告期内排除故障总时间}{报告期内故障出现次数}$

附录 3 物流集成能力指标体系

一级指标	二级指标	三级指标	指标要点	计算方法
流通能力	节点流通量		多个物流节点在人员、设施及装备满负荷运转情况下，一昼夜（24 小时）内经过仓库作业（包括库内包装作业、装卸搬运作业）所能发出的最大物资量	昼夜最大收发货量 $= \dfrac{24}{\text{单车满载所需作业时间}} \times$ 平行作业车辆数 × 单车最大物资装载重量 节点流通量 $= \Sigma$ 各节点昼夜最大收发货量
	线路运输量		一昼夜（24 小时）运用多式联运或平行运输所能运送的最大物资量	采用平行运输时的计算公式： $N_{总} = N_{铁} + N_{水} + N_{公} + N_{空} + N_{管}$ 采用多式联运时的计算公式： $N_{总} = \min\,(N_{铁},\ N_{水},\ N_{公},\ N_{空},\ N_{管})$ 在公式中： $N_{总}$——线路运输量； $N_{铁}$——铁路昼夜最大运输总量； $N_{水}$——水路昼夜最大运输总量； $N_{公}$——公路昼夜最大运输总量； $N_{空}$——航空昼夜最大运输总量； $N_{管}$——管线昼夜最大输送总量

续 表

一级指标	二级指标	三级指标	指标要点	计算方法
精确保障能力	综合差错率		报告期内各功能环节差错率的加权平均数	$A_0 = K_1A_1 + K_2A_2 + K_3A_3$ A_0——综合差错率; A_1——收发作业错率; A_2——运输差错率; A_3——配送差错率; 系数 K_1, K_2, K_3 为权重系数且满足 $K_1 + K_2 + K_3 = 1$, 由专家打分法确定
	综合毁损率		报告期内各功能环节毁损率的加权平均数	$A_0 = K_1A_1 + K_2A_2 + K_3A_3$ A_0——综合毁损率; A_1——物资毁损耗率; A_2——运输毁损率; A_3——配送毁损坏率; 系数 K_1, K_2, K_3 为权重系数且满足 $K_1 + K_2 + K_3 = 1$, 由专家打分法确定
	平均满意度		报告期内各功能环节满意度的平均数	$A_0 = \dfrac{A_1 + A_2 + A_3}{3} \times 100\%$ A_0——平均满意度; A_1——仓储满意度; A_2——运输满意度; A_3——配送满意度

续表

一级指标	二级指标	三级指标	指标要点	计算方法
快速响应能力	部队用户等待时间		从部队用户上报物资需求到部队用户收到物资实际所需的平均时间	
	订单延迟率		报告期内按照送达标准存在延迟的订单数量占订单总数的比例	$\dfrac{报告期内延迟订单数}{报告期内订单总数} \times 100\%$ 报告期内延迟订单数＝报告期内订单总数－按要求时限完成的运输订单数－正点配送订单数
		掌前预置物资比例	报告期内掌前预置物资总量占储存物资总量的比例	$\dfrac{报告期内掌前预置物资总量}{报告期内储存物资总量} \times 100\%$
	物资活性	组套集装物资比例	报告期内组套包装物资总量占储存物资总量的比例	$\dfrac{报告期内组套包装物资总量}{报告期内储存物资总量} \times 100\%$
		航空货运量	报告期内通过航空运输物资的总量	查阅各级统计局发布出版的交通运输统计年鉴
	运输柔性	综合运输线路密度	反映公路、铁路运输能力覆盖的程度和辐射的范围	通过对这两种运输方式建立数学模型计算得到，也可以通过专家赋予权重，加权平均进行量化计算
柔性能力	地方物流发达程度	A级以上物流企业数量	按照《物流企业分类与评估指标》（GB/T 19680—2013）国家标准，从企业经营状况、资产、设备设施、管理及服务、人员素质和信息化水平六个方面评估出具有一定市场规模、发展前景广阔、服务功能和服务水平优质的A级以上物流企业数量	查阅资料

续　表

一级指标	二级指标	三级指标	指标要点	计算方法
柔性能力	地方物流发达程度	地区物流景气指数	反映了某一区域物流业发展的运行情况	查阅中国物流与采购联合会和地区物流与采购联合会每月发布的"中国物流业景气指数"
防护再生能力	仓库防护能力		综合反映仓库防护能力	建立数学模型计算得到，或是通过专家赋予权重，加权平均进行量化计算
	交通线再生能力		综合反映交通线再生能力	建立数学模型计算得到，或是通过专家赋予权重，加权平均进行量化计算

附录 4 仓库物流统计调查表

指标类别	计算单位	2014年	2015年	2016年	备注
一、基础要素能力指标					
（一）物流人员实力指标					
1. 结构状况					
（1）期末人数					分类统计
管理人员	人				
操作人员	人				
职工和临时工	人				
（2）人员变动数					
人数增加比重	％				
人数减少比重	％				
（3）管理人员比例	％				
（4）年龄35岁以下管理人员人数	％				
2. 专业素质					
（1）学历结构					分类统计
管理人员：博士	人				
硕士	人				
本科	人				
大专	人				
中专	人				
中专以下	人				
操作人员：博士	人				

续 表

指标类别	计算单位	2014年	2015年	2016年	备注
硕士	人				
本科	人				
大专	人				
中专/高中	人				
中专以下	人				
（2）职称结构					分类统计
管理人员：助理工程师	人				
工程师	人				
高级工程师	人				
操作人员：初级	人				
中级	人				
高级	人				
（3）中级以上技术等级比例	%				
（4）晋升专业技术等级人数	人				分类统计
管理人员	人				
操作人员	人				
（5）任职时间8年以上操作人员数量	人				
3. 训练状况					
（1）在职培训人数	人				
（2）平均受训时间	小时/天				
（3）训练考核优良率	%				
（二）物资实力指标					
1. 物资数量与价值					
（1）期末在库物资数量					分类统计
汽油	吨				
柴油	吨				
（2）期末在库物资价值	元				

指标类别	计算单位	2014年	2015年	2016年	备注
（3）下一年度计划需求数量	吨				
2. 油料数量符合程度	%				
（三）物流设施实力指标					
1. 仓储设施					分类统计
（1）仓库数量					
地面罐	个				
地面库	个				
（2）仓库容量和面积					分类统计
地面罐容量	立方米				
地面库面积	平方米				
2. 交通基础设施					
（1）铁路专用线路里程	公里				
（2）运输线路密度	公里/平方公里				
（3）运输网点数量	个				铁路专用线、零发油亭、加油站
3. 配送设施					
配送设施数量					分类统计
军队自有	个				
地方	个				
（四）物流装备实力指标					
1. 仓库装备					
（1）仓库装备数量					分类统计
货架	个				
托盘	个				
叉车	台				

指标类别	计算单位	2014年	2015年	2016年	备注
（2）仓库装备质量等级					分类统计
新品	台				
堪用品	台				
待修品	台				
废品	台				
（3）仓库装备完好率	%				
（4）油罐机械完好率	%				
2. 交通运输装备					
（1）运输工具数量	辆				自有加油车
（2）运输工具运载能力	吨				
（3）单鹤管发油速度	立方米/小时				
（4）铁路装卸设施综合接卸能力	次/节				
（五）物流信息实力指标					
1. 信息人员数量	人				
2. 信息设施设备					
（1）信息管理设施设备数量	套				
（2）信息管理设施设备能力	条				
二、功能要素能力指标					
（一）仓储能力指标					
1. 储存能力					
（1）仓库库容量	吨				
（2）仓库面积利用率（计算）	%				
（3）油罐容积利用率	%				
（4）平均库存量	吨				
2. 仓库作业能力					
（1）仓库吞吐量	吨				
（2）出入库频率	吨/天				

指标类别	计算单位	2014年	2015年	2016年	备注
（3）出入库率	%				
（4）库存周期	天				
（5）周转速度	次（天）				
（6）平均收发作业时间	小时/次				
（7）紧急发油速度	吨/小时				
（8）紧急收油速度	吨/小时				
（9）昼夜最大收发油量	吨				
（10）仓储设备利用率	%				
（11）机械化作业率	%				
3. 仓库服务保障能力					
（1）受供单位数量	个				
（2）收发差错率	%				
（3）账物相符率	%				
（4）缺货率	%				
（5）油料损耗率	%				
4. 仓库防护能力					
（1）仓库防护等级					一级/二级/三级
（2）主体工程防护能力					一级/二级/三级
（3）库内安全防卫能力					
警戒覆盖率	%				
监控覆盖率	%				
（4）紧急抢修能力					
管线堵漏速度	分钟				
消防车到达仓库最远点时间	分钟				

指标类别	计算单位	2014年	2015年	2016年	备注
（二）运输能力指标					
1. 运输潜力					
（1）保障单位数量	个				
（2）运量：年度运送油料的数量	吨				汽车运输
（3）运距：年度运送油料的距离	公里				公路运输
（4）运输周转量（计算）	吨·公里				
2. 运输效率					
（1）运输速度	公里/小时				
（2）载运行程运载量	吨				
（3）运载率	%				
（4）昼夜最大运输量	吨				
3. 运输服务能力					
（1）货差量	吨				
（2）货损量	吨				
（3）运输安全性					
运输安全天数	天				连续安全运输无事故的天数
运输事故件数	件				
安全率	%				
（4）按期送达率	%				
（5）运输保障满意度	%				
（三）信息处理能力指标					
1. 处理能力					
（1）业务工作信息化程度	%				
（2）信息处理量	条				

指标类别	计算单位	2014年	2015年	2016年	备注
（3）平均信息处理时间	小时/条				
2. 服务能力					
（1）差错率	%				
（2）系统故障次数	次				
（3）平均排除系统故障时间	小时				

后　记

物流能力统计是推进物流管理革命、提高保障打赢信息化智能化战争能力的必然举措，也是有效解决物流信息化建设瓶颈问题的关键突破口，应予以高度关注和重视。物流能力统计研究是开展后勤建设的崭新课题，其研究成果可丰富物流理论、拓展后勤管理理论，同时为构建物流能力统计体系、开展统计工作提供理论依据。本书从物流建设和发展的现有基础出发，既考虑到构建物流能力统计体系的可行性和科学性，也创新性地提出开展物流能力统计工作的新理念和新举措。

一、基本结论

本书在总结相关研究成果的基础上，对物流能力生成、物流能力统计以及统计体系的构建、统计指标的设计等问题进行了较为深入和系统的分析，并提出了一些新的见解。基本结论如下。

（1）物流能力统计是以物流能力生成过程中的能力指标为统计内容，运用统计学的理论与方法，对能力指标进行收集、整理、计算、分析、解释、表述的一系列活动。其本质是对物流基础要素能力、功能要素能力、集成能力的数量关系和内在规律进行数据挖掘和描述。统计工作具体内容是基础要素能力指标的采集与整理、功能要素能力指标的统计分析和集成能力指标的综合评价。

（2）物流能力统计有统计目的聚焦保障打赢、统计数据注重安全保密、统计内容凸显能力指标、统计过程及时高效、统计结果辅助精准决策等特点。物流能力统计在后勤建设和管理中的作用突出，具备实时获取能力态势、准确掌握能力生成规律、准确评价能力水平、及时监测问题、科学预测变化趋势的功能。

（3）物流能力统计是主客观因素共同作用的结果，物流能力评价是对物流能力统计功能的拓展与延伸。

（4）物流能力由基础要素能力、功能要素能力、集成能力构成，各能力之间具有整体性、关联性、层次性、发展性的特点。

（5）物流能力统计体系构建。以基于网络信息体系的联合作战需求为牵引，将统计体系构建与现代化后勤建设有机衔接，依托后勤和物流信息化建设，抓住国家物流建设发展机遇，学习借鉴政府统计有益经验，加快构建以组织体系、标准体系、指标体系、方法体系、信息体系为重点，基础要素能力、功能要素能力、集成能力全覆盖的物流能力统计体系，形成与未来信息化智能化战争相适应的物流能力统计服务能力。物流能力统计体系构建应遵循聚焦作战、注重效果，统筹规划、重点突破，统一领导、分工建设，稳步推进、动态发展，借势借力、资源共享的原则。

（6）物流能力统计体系构建是一个庞大的、复杂的系统工程，应着力建设统计组织体系、统计标准体系、统计指标体系、统计方法体系以及统计信息体系。

（7）按照"物流能力生成—物流能力分析—物流能力评价"的总体思路，建立物流能力统计模型，并进行实证分析。

（8）区域物流能力是由关键物资的物流能力所决定的。

（9）推进物流能力统计一是要提高认识，树立"战斗力标准""科学管理""主动服务""开拓创新"的新时代统计理念；二是要立足实际，搞好顶层设计，按照"重点突破、整体推进"的原则加快推进统计工作，按照"先试点、后推广"的原则开展统计工作；三是要学习借鉴政府统计有益经验，加快组织管理体系、法规、标准一系列制度建设；四是应用物流信息系统创新统计分析功能模块，应用末端感知技术创新统计数据采集方式，应用大数据挖掘技术创新统计分析方法；五是要强化培训，培养新型的物流能力统计人才。

二、本书主要观点

本书从系统性的宏观视角对物流能力统计相关问题进行了全新的研究分析，突破了现有统计体制的束缚、业务部门的差别，为物流能力统计体系的研究和建设提供了全新的思路。本书在以下几个方面具有一定的创新性。

1. 揭示了物流能力生成机理

对物流能力生成进行系统性归纳和规律性总结，提出了物流能力三个层次的构成，揭示了物流能力的七大生成动因及其生成过程。

2. 构建了物流能力统计指标体系

按照物流能力生成理论，构建了以基础要素能力指标、功能要素能力指标和集成能力指标为核心的物流能力统计指标体系，为开展物流能力统计工作奠定实践基础。

3. 构建了物流能力统计模型并进行实证分析

构建了物流能力生成模型、物流能力分析模型和物流能力评价模型，并以仓库和区域物流统计为典型事例，探索性地进行了物流能力统计分析研究。

4. 提出了物流能力统计分析思路

首先分析了关键物资物流能力，进而合成了计算区域物流能力统计评价结果，为物流能力的统计和评价提供了科学合理的计算思路。

三、需进一步研究的内容

本书从后勤管理科学化的角度，对物流能力统计进行了宏观研究，提出了物流能力统计体系构建的总体构想，并对统计指标体系进行了深入探讨。今后，可针对物流能力统计工作开展过程中的具体问题重点深入研究。

一是对区域物流统计进行深入的研究。本书虽已研究了区域物流统计的指标体系及计算思路，但要真正开展区域物流能力统计工作，尚有许多问题需要重点研究和突破。

二是物流能力态势图有待进一步开发实现。随着物流能力统计体系的初步建立、统计数据的积累，可以依托物流信息系统，实现物流能力态势图。

综上所述，本书所做的研究，取得了一些阶段性的研究成果，并存在着值得今后继续研究的空间。本书研究过程重在理论联系实际，从实践工作和前期资料总结归纳理论基础，再运用理论指导具体统计工作的展开，检验理论的科学性，创新性地探索物流统计的新思路、新方法。这些研究工作希望能起到"抛砖引玉"的作用，启发更多的研究者关注这一崭新领域，深入研究物流能力生成规律、保障打赢规律和统计数据辅助决策规律，为保障打赢信息化智能化战争做好充分的准备。

编　者

2024 年 1 月